W0174973

Dieses Buch gehört:

—

Alle Tipps und Informationen in diesem Buch sind
sorgfältig ausgewählt und geprüft. Dennoch können weder
Urheber noch Verlag eine Garantie übernehmen. Eine Haftung
für Personen-, Sach- und Vermögens-
schäden ist ausgeschlossen.

5 4 3 2
ISBN 978-3-8157-8874-5
© 2008 Coppenrath Verlag GmbH & Co. KG, Münster
CH: Baumgartner AG, 8910 Affoltern
Alle Rechte vorbehalten, auch auszugsweise
Konzept und Redaktion: Britta Drehsen
Printed in Slovakia
www.coppenrath.de

Holger Luhmann

Das ultimative Handbuch für

Jungs

Jokes, Tricks, Action...für alle Fälle

Mit Bildern von Gerhard Schröder

COPPENRATH

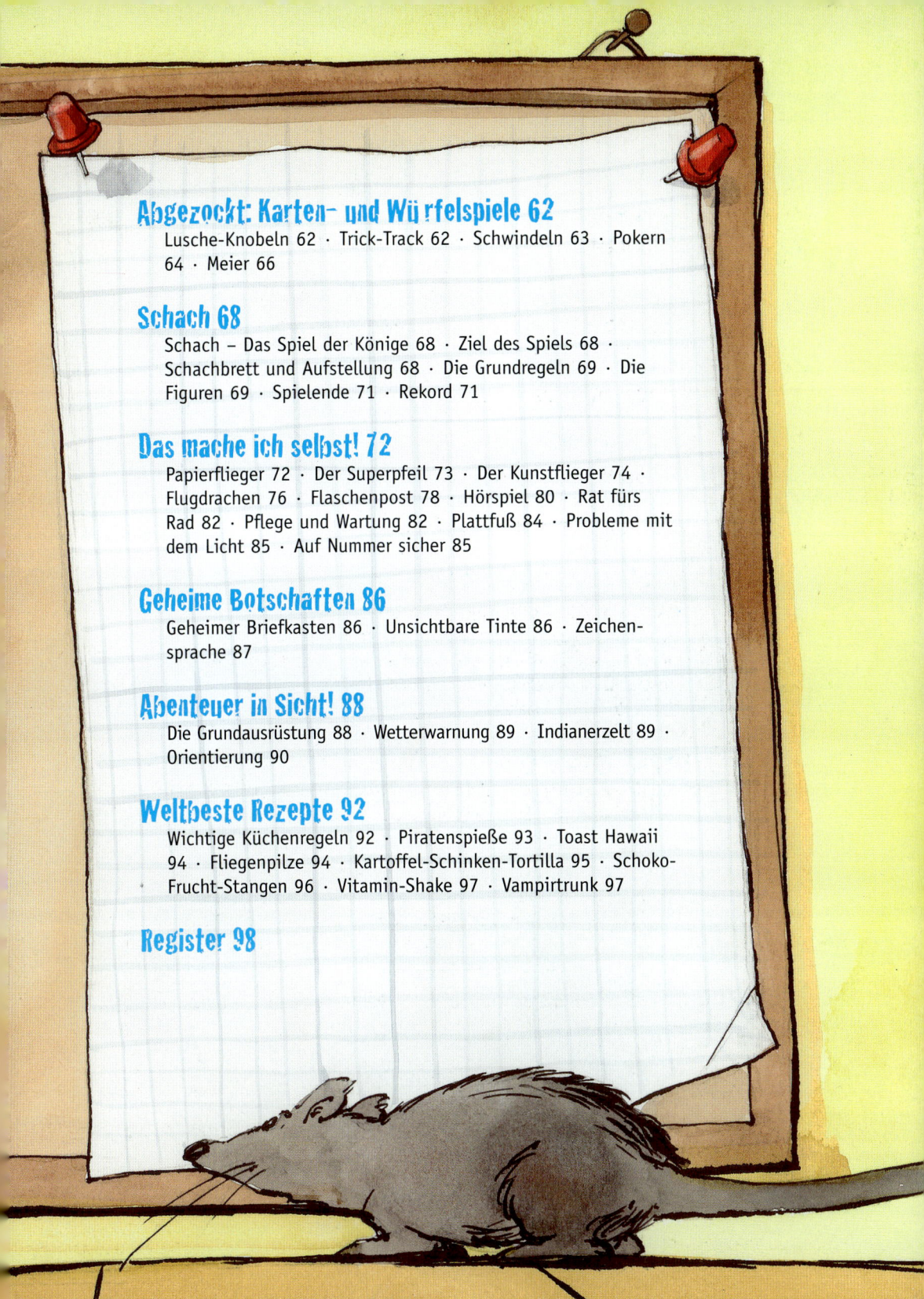

Ein geheimes Buch – für wen und wozu?

Ein geheimes Buch – für wen und wozu?

Der Name dieses Buches sagt es schon: „Das ultimative Handbuch für Jungs. Jokes, Tricks, Action ... für alle Fälle" ist ein Buch, das speziell für Jungen in deinem Alter gemacht worden ist. Garantiert wird es dir und deinen Kumpels viele unvergessliche abenteuerliche, rasante, ausgelassene, lustige und informative Momente bescheren – du darfst also richtig gespannt sein!

Ob Streiche, Experimente, Rätsel, spannende Rekorde, Zaubertricks, Spiele, Anleitungen zum Selbermachen, Abenteuer ...: Mit diesem Buch kannst du zu jeder Zeit eine Menge Spaß haben – bei gutem wie bei schlechtem Wetter, in den eigenen vier Wänden und natürlich draußen an der frischen Luft.

Bevor's losgeht

Und warum solltest du das Buch gut hüten wie einen Schatz? Na, weil du doch bestimmt nicht möchtest, dass zum Beispiel deine Eltern es in die Hände bekommen und von den ganzen Streichen, Zaubertricks oder Geheimnissen erfahren. Das würde doch den Spaß verderben! Deshalb solltest du dieses Buch auch lieber gut vor Mädchen verstecken!

Also bewahre das Buch an einem sicheren Ort auf. Und nutze es nach Lust und Laune. Viel Spaß beim Schmökern, Rätseln, Tüfteln, Würfeln, Rennen, Dribbeln, Kochen, Forschen und Lachen!

Auf einen Streich

Zu Beginn dieses Buches findest du viele Ideen für Streiche, mit denen du andere Leute kräftig an der Nase herum- und aufs Glatteis führen kannst. Bevor du aber loslegst, solltest du einige Tipps beachten. Denn du willst ja keinen Ärger bekommen, sondern mächtig Spaß haben, oder? Und am schönsten ist es, wenn am Ende alle herzhaft lachen.

1. Spiele anderen Menschen nur dann einen Streich, wenn du auch selbst Spaß verstehst. Denn wer austeilt, muss auch einstecken können!
2. Füge anderen keinen Schaden zu und mach bei deinen Streichen keine Sachen kaputt. Das ist nicht lustig!
3. Ältere oder kranke Menschen zu erschrecken ist nicht komisch. Ganz im Gegenteil: Es kann sogar sehr gefährlich sein.
4. Such dir die richtigen „Streich- opfer" aus. Bei Menschen ohne Humor bringen Streiche eher Ärger als Spaß.
5. Wenn dir ein „Streichopfer" rich- tig böse ist, solltest du dich ent- schuldigen. Das hilft bestimmt.

Gespensterknaller

Gespensterknaller

Stell dir vor: Es ist dunkel, alle liegen
schon im Bett oder deine Eltern freuen sich
auf einen ruhigen Abend. Doch plötzlich sorgen
unheimliche Geräusche für helle Aufregung. Wenn du es in
eurer Wohnung mal so richtig spuken lassen willst, kannst du
mit diesem Streich für die notwendigen Knalleffekte sorgen!

Du brauchst

- ein Glas
- Wasser
- getrocknete Erbsen
- einen Blechdeckel (zum Beispiel von einer Plätzchendose)

So wird's gemacht

Fülle das Glas randvoll mit getrockneten Erbsen und gieße
so viel Wasser hinzu, dass es bis zum Rand reicht. Dann stellst
du das Glas auf den Blechdeckel und versteckst die „Geister-
vorrichtung" an einem geheimen Ort. Sehr gut geeignet ist
zum Beispiel der Platz hinter einem Fenstervorhang. Nach
einiger Zeit beginnt der Spuk, und es kommt zu unheimlichen
Geräuschen. Denn der Erbsenberg im Glas wächst, und die
Erbsen fallen mit einem Scheppern auf das Blech – dieser
gespenstische Lärm ist einfach zum Gruseln!

Was passiert?

Das Wasser dringt in die Erbsen und lässt sie dicker werden.
Bald ist im Glas kein Platz mehr für die aufgequollenen
Erbsen. Sie „hüpfen" über den Rand und landen auf dem
Blechdeckel.

11

Die verhexte Papierkugel

Die verhexte Papierkugel

Mit diesem Streich kannst du einen Freund ganz einfach zum Narren halten.

Du brauchst
- einen Streifen Papier
- eine leere Flasche

So wird's gemacht

Das Papier knüllst du zu einer kleinen Kugel zusammen. Die leere Flasche legst du auf den Tisch und setzt das Papierkügelchen vorn in die Flaschenöffnung. Nun wettest du mit deinem Freund, dass er es nicht schafft, die Kugel in die leere Flasche zu pusten. Er wird sich denken: Das ist doch kinderleicht! Doch so kräftig er auch pustet und sooft er es auch probiert, es wird ihm nicht gelingen. Stattdessen schießt die Kugel immer wieder in die falsche Richtung – direkt in sein verdutztes Gesicht.

Was passiert?

Die Erklärung für das Phänomen hat etwas mit dem Luftdruck zu tun. Wenn Luft in die Flasche geblasen wird, bildet sich im Innern der Flasche ein erhöhter Luftdruck. Denn die Luft kann am Flaschenboden ja nicht entweichen. Gleichzeitig entsteht beim Pusten am Eingang der Flasche ein sogenannter Unterdruck. Es kommt zu einem Druckausgleich, der dafür sorgt, dass das verflixte Papierkügelchen einfach nicht in die Flasche fliegt, sondern immer wieder herausschießt.

Himmelsgucker

Himmelsgucker

Möchtest du mal wildfremde, erwachsene Menschen an der Nase herumführen? Mit diesem Streich geht das kinderleicht.

Du brauchst
• nur ein bisschen schauspielerisches Talent

So wird's gemacht

Stell dich mit ein, zwei Freunden auf einen Platz mit mehreren Menschen. Das kann der Marktplatz oder eine Bushaltestelle sein. Dort schaut ihr plötzlich nach oben auf einen bestimmten Punkt (zum Beispiel auf ein Dach). Um eurem gespielten Erstaunen noch mehr Nachdruck zu geben, solltet ihr zudem ein paar Bemerkungen machen wie „Das gibt es doch gar nicht", „Hast du so etwas schon mal gesehen?" oder „Wahnsinn! Das steht morgen bestimmt in der Zeitung". Am besten zeigt ihr dabei noch mit dem Finger in eure Blickrichtung. Sicher ist: Je überzeugender ihr euch verhaltet, desto besser funktioniert der Streich!

Was passiert?

Ihr werdet feststellen, dass einige Leute schon nach kürzester Zeit in die gleiche Richtung schauen werden. Die meisten Erwachsenen geben sich nicht gerne eine Blöße vor Kindern, deshalb wird euch auch mit großer Wahrscheinlichkeit niemand fragen, was es denn da überhaupt zu sehen gibt. Wenn sich eine Gruppe von Neugierigen versammelt hat, könnt ihr euch unauffällig davonstehlen. Nun könnt ihr aus sicherer Entfernung zuschauen, wie eure „Opfer" gebannt nach oben starren – und das, obwohl es dort ja gar nichts zu sehen gibt. Ihr werdet euch vor lauter Spaß auf die Schenkel klopfen!

Tipp

Ihr könnt auch noch einen draufsetzen. Einer von euch kann zu der Gruppe gehen. Dann fragt er ein paar Leute, die erst später dazugestoßen sind, was es da denn überhaupt zu gucken gibt. Ihr werdet sehen, dass auch Erwachsene sehr erfinderisch sein können. In diesem Fall, um nicht zu verraten, dass sie in Wirklichkeit keine Ahnung haben. Doch ihr wisst, dass ihr sie alle an der Nase herumgeführt habt ...

13

Schlabber-Schleim

In einem Kapitel mit Streichen darf natürlich ekliger Schlabber-Schleim nicht fehlen! Mit dem Schleim kannst du deine Mitmenschen bei ganz vielen unterschiedlichen Gelegenheiten erschrecken oder ärgern.

Du brauchst
- Gelatine
- Wasser
- Lebensmittelfarbe, schwarzen Tee, Kaffee oder Senf (je nach Bedarf)

So wird's gemacht
Du kannst den Schleim ganz einfach selber machen. Die Gelatine besorgst du dir im Supermarkt. Es gibt sie in Pulverform oder als Gelatineblätter. Du kannst auch in eurem Vorratsschrank nachschauen, ob du dort Gelatine findest. Mithilfe der Anleitung auf der Packung kannst du sie leicht herstellen.

Was passiert?
Deiner Fantasie sind keine Grenzen gesteckt. Was hält wohl dein Vater von diesem widerlichen Schleim neben seiner Tasse Kaffee auf dem Frühstückstisch? Iiiehhh ... Oder was wird deine Mutter denken, wenn sie den Schleim im Waschbecken findet? Und was macht dein Lehrer in der Schule wohl für ein Gesicht, wenn er plötzlich Schleim auf seinem Lehrerpult findet? Ihre Gesichter sind bestimmt ein Bild für die Götter. Und dir fallen mit Sicherheit noch viel mehr Möglichkeiten ein.

Tipp
Den Schleim kannst du mit ein paar Kniffen noch fieser aussehen lassen. Zum Beispiel kannst du ihn im flüssigen Zustand mit Lebensmittelfarbe je nach Wunsch blutrot oder ekelig grün färben. Oder du benutzt statt Wasser schwarzen Tee. Dann verwandelt sich die Gelatine in braunen Schleim. Du kannst auch Kaffeepulver oder Senf hinzufügen.

Spieglein, Spieglein

Spieglein, Spieglein

Mit diesem Streich kannst du
deiner Mutter oder deinem Vater
einen gehörigen Schreck einjagen!

Du brauchst
- einen Spiegel
- Klarsichtfolie
- einen schwarzen Filzstift

So wird's gemacht
Mit dem schwarzen Filzstift malst du auf der Klarsichtfolie das
Muster einer gesprungenen Glasscheibe nach. Die Folie drückst
du anschließend auf den Spiegel in eurem Badezimmer und
streichst sie schön glatt. Sie haftet übrigens ganz ohne Kleb-
stoff.

Was passiert?
Wenn deine Mutter nun den scheinbar gesprungenen Spiegel
sieht, wird sie bestimmt aus dem Badezimmer kommen und
dich fragen, ob du den Spiegel kaputt gemacht hast. Dann
kannst du mit gutem Gewissen antworten, dass der Spiegel
eben noch heil gewesen ist. Wichtig ist, dass du dabei die
Ruhe bewahrst und überzeugend wirkst! Nun kannst du ihr
sagen, dass du mal selbst nachschauen willst. Also gehst du
ins Badezimmer, ziehst schnell die Folie vom Spiegel und lässt
sie verschwinden. Wenn deine Mutter ins Badezimmer kommt,
wird sie ihren Augen nicht trauen. Hat sie etwa nur geträumt?
Oder spukt es mal wieder in der Wohnung?

15

Patschnass

Mit diesem spritzigen Streich-Vergnügen kannst du deine Eltern, Geschwister oder Freunde im wahrsten Sinn des Wortes mal so richtig nass machen.

Du brauchst

- einen Wasserhahn
- Klebestreifen (am besten Isolierband)

So wird's gemacht

Du befestigst den Klebestreifen so unter der Öffnung des Wasserhahns, dass nur noch vorn ein kleiner Schlitz offen bleibt. Verkleb die Öffnung des Wasserhahns am besten so, dass dein Opfer nichts bemerkt!

Was passiert?

Wenn nun jemand den Wasserhahn aufdreht, läuft das Wasser nicht wie gewohnt ins Waschbecken. Nein, der Strahl spritzt direkt nach vorn. Schneller als dein Opfer gucken kann, ist sein Hemd patschnass ...

Tipp

Diesen Streich solltest du nur dann anwenden, wenn dein Opfer danach die Möglichkeit hat, sich trockene Kleidung anzuziehen. Sonst droht ihm noch eine fiese Erkältung.

16

Kniffliger Rätselspaß

Kniffliger Rätselspaß

Eines der ältesten bekannten Rätsel ist aus Griechenland überliefert und vor über 2.500 Jahren entstanden. Es ist das Rätsel der Sphinx – einem Fabelwesen mit dem Körper eines Löwen und dem Kopf eines Menschen. Die Sphinx soll jedem Wanderer folgende Frage gestellt haben: „Was ist am Morgen vierfüßig, am Mittag zweifüßig und am Abend dreifüßig?" Und, weißt du die Antwort?

Der Mensch. Am Anfang seines Lebens krabbelt er auf Händen und Füßen, in der Mitte des Lebens läuft er auf zwei Beinen und im Alter geht er am Stock.

Du siehst ihn nur bei Sonnenschein,
am Mittag ist er kurz und klein.
Er wächst bei Sonnenuntergang,
dann wird er wie ein Baum ganz lang.

Der Schatten.

Ich habe zwei Flügel und kann nicht fliegen.
Ich hab' einen Rücken und kann nicht liegen.
Ich habe ein Bein, kann aber nicht stehen.
Oft trage ich Brillen, kann aber nicht sehen.

Die Nase.

17

Ohne dass ich Füße hätte
eil ich fort in schnellem Lauf,
höre Tag und Nacht nicht auf
und bin doch fast stets im Bette.

Ein Fluss.

Beim nächsten Rätsel geht es ums Rechnen. Ein Hase sagt
zum anderen: „Wenn du mir eine von deinen Möhren abgibst,
dann habe ich doppelt so viele wie du." Da sagt der andere:
„Gib du mir eine von deinen, dann haben wir gleich viele."
Wie viele Möhren hat jeder Hase?

Der erste Hase hat sieben, der andere fünf Möhren.

Fritz lebt in einem Hochhaus. Wenn er morgens aus dem Haus
geht, nimmt er den Aufzug und fährt aus dem 45. Stockwerk
ins Erdgeschoss. Kommt er heim und ist allein im Aufzug,
fährt er nur bis in die 30. Etage. Die restlichen 15 Stockwerke
läuft er. Wie kannst du das erklären?

Fritz ist erst sechs Jahre alt. Er reicht im Fahrstuhl nur
bis an den Knopf des 30. Stockwerks.

Wo ist man drin, wenn man davorsteht?

Im Spiegel.

Welche Telefonnummer ist immer besetzt, wenn man sie
anruft?

Die eigene.

Was gehört dir, obwohl alle anderen ihn viel häufiger gebrauchen als du selbst?

Dein Name.

Auf einer Wiese liegen eine Mohrrübe und ein Schal. Niemand hat die beiden Sachen dort hingelegt. Was ist passiert?

Ein Schneemann ist geschmolzen.

Frau Huber steht an einer Straßenkreuzung. An der Ampel fährt plötzlich mit quietschenden Reifen ein Auto los. „Hey", ruft Frau Huber aufgeregt, „der Wagen ist gestohlen!" Woher kann sie das so genau wissen?

Das Auto gehört ihr.

Die erstaunlichsten Sportarten gibt es in England. Dort werden sogar jährlich Weltmeisterschaften im „Regenwurm-aus-dem-Boden-Klopfen" ausgetragen. Jede Mannschaft muss auf einem ein paar Quadratmeter großen Feldstück so viele Regenwürmer wie möglich aus dem Boden locken. Dabei darf jedes Team alle möglichen Geräusche einsetzen – vom Hufschlag eines Pferdes bis zum künstlichen Regen. Ist diese Geschichte wahr oder gelogen?

Die Geschichte ist wahr.

Ein Schiff liegt im Hafen. Über Bord hängt eine Strickleiter mit 25 Stufen, die jeweils 20 Zentimeter voneinander entfernt sind. Die Flut kommt, und der Wasserspiegel steigt um einen Meter. Wie viele Sprossen von der Leiter befinden sich jetzt noch über dem Wasser?

Alle 25 Stufen, denn das Schiff steigt ja mit.

Scherzfragen

Welchem Tier rutscht bestimmt niemals die Hose?

Dem Gürteltier.

Gibt es etwas Schlimmeres, als eine Giraffe mit einem steifen Hals?

Ja, einen Tausendfüßler mit Hühneraugen.

Was sagt ein Tausendfüßler, dem zum Geburtstag neue Schuhe geschenkt werden?

Tausend Dank.

Wieso trompeten Elefanten?

Weil sie so schlecht Geige spielen können.

Und warum haben Elefanten so viele Falten?

Weil man sie so schlecht bügeln kann.

Warum essen Löwen so gerne Clowns?

Weil sie lustig schmecken.

Was ist unsichtbar und riecht nach Banane?

Ein Affenfurz.

Warum können Fische nicht sprechen?

Weil sie den Mund voll Wasser haben.

Welcher Vogel ist der lustigste?

Der Spaßvogel.

Und welcher Vogel ist unglücklich?

Der Pechvogel.

Welche Schlange sieht schlecht?

Die Brillenschlange.

Und welche Schlange sieht gar nichts?

Die Blindschleiche.

Warum gilt der Hase als das gefräßigste Tier?

Weil er zwei Löffel hat.

Ein Auto fährt mit 120 Stundenkilometern in eine Rechts-kurve. Welches Rad wird am wenigsten belastet?

Das Reserverad.

Auf welche Frage kann niemand mit „Ja" antworten?

Auf die Frage: „Schläfst du schon?"

Und auf welche Frage kann niemand mit „Nein" antworten?

Auf die Frage: „Hörst du mich?"

Was fühlt ein Luftballon?

Platzangst.

Was ist ein Vampir mit Elefantenzähnen?

Ein Angeber.

Wie nennt man ein Monster ohne Ohren?

Wie man möchte. Es hört ja sowieso nichts.

Und was sagt ein Menschenfresser, wenn er einen Ritter in seiner Rüstung sieht?

„Oh nein, schon wieder Dosenfutter."

21

Witze

Indianer-Problem

Ein Indianer sucht Rat beim Medizinmann. „Ich möchte meinen Namen ändern lassen, denn er ist so furchtbar lang", sagt er. „Wie heißt du denn?", fragt der Medizinmann. „Rasender Falke, der vom Himmel fällt", antwortet der Indianer. „Und wie möchtest du gerne heißen?", fragt der Medizinmann. Darauf der Indianer: „Plumps!"

Auf dem Bauernhof

Ein Verkäufer für Futtermittel kommt auf den Hof gefahren. Er steigt aus seinem Wagen und fragt den Sohn des Bauern: „Wo kann ich denn deinen Vater finden?" Darauf der Junge: „Der ist im Schweinestall. Sie erkennen ihn an seinem karierten Hemd."

Hausaufgaben

„Was ist flüssiger als Wasser?", fragt die kleine Sarah ihren Bruder Nino. „Hausaufgaben", antwortet Nino mit mürrischem Gesicht. „Wieso das denn?", fragt Sarah verblüfft. Darauf Nino: „Weil sie überflüssig sind."

Beim Arzt

Der Opa von Timo geht ganz aufgeregt zum Arzt. „Herr Doktor, Herr Doktor, ich habe mein Gedächtnis verloren", sagt er. „Wann ist das passiert?", fragt der Arzt. Opas Antwort: „Wann ist was passiert?"

Beim Augenarzt

Tom geht zum Augenarzt. „Ich brauche eine Brille, Herr Doktor", sagt er. „Kurzsichtig oder weitsichtig?", fragt der Arzt. Tom antwortet prompt: „Durchsichtig."

In der Schule

Die Schulkinder schreiben einen Aufsatz über das Thema „Alle Vögel sind schon da". Caroline liest ihren Aufsatz als Erste vor. Sie kommt zu dem Satz: „Die Vogeleltern schleppen Käfer und Würmer herbei und füttern damit ihre Jungen." Da lacht Paul laut auf. „Was gibt es denn da zu lachen?", fragt die Lehrerin verdutzt. „Na", antwortet Paul, „weil die Mädchen wieder einmal nichts abbekommen haben."

Frohe Weihnachten

„Zünde doch bitte den Christbaum an, Felix", sagt der Vater am ersten Weihnachtstag. Es vergeht eine Weile, dann kommt Felix zurück und fragt seinen Vater: „Papi, auch die Kerzen?"

Beim Lesen

„Wenn ich ein Buch über Indianer lese, bin ich jedes Mal wie gefesselt", sagt Frank zu seinem Freund. Darauf fragt der ungläubig: „Stört dich das denn nicht beim Umblättern?"

Im Zoo

Familie Kunze macht am Sonntag einen gemeinsamen Ausflug in den Zoo. Vor dem Gehege der Kamele fragt der kleine Ben: „Wer ist eigentlich der Kamelvater und wer ist die Kamelmutter?" Die Mutter antwortet: „Merk dir, mein Junge, das größere Kamel ist immer der Vater."

Ausreden

Es gibt Situationen, wenn du dir den Ärger deiner Eltern oder eines Lehrers zugezogen hast, da gibt es nur noch zwei Möglichkeiten: Entweder du beziehst Stellung und entschuldigst dich – oder du versuchst es mit einer Ausrede! Eine Ausrede ist ja eigentlich eine kleine Lüge und sollte deshalb gar nicht angewendet werden. Die folgenden Ausreden sind aber gar nicht ernst gemeint. Sie dienen dazu, dein Gegenüber zum Lachen zu bringen und die Situation zu entspannen.

Wenn deine Mutter zum Beispiel so richtig sauer ist, weil du dein Zimmer noch immer nicht aufgeräumt hast, kannst du es ja mal mit folgender Antwort probieren: „Ich habe es aufgeräumt, aber dann kam dieser fürchterliche Wirbelsturm…" Oder du entgegnest ihr ganz trocken: „Du weißt doch, dass ich allergisch gegen Staub bin."

Wenn deine Eltern sich über dich ärgern, kannst du ihnen entgegnen: „Ich bin ein Kind. Was erwartest du?" Und wenn du etwas nicht gemacht hast, was sie von dir verlangt haben: „Ich war leider damit beschäftigt, zu wachsen." Und wenn du abends im Bett nach wiederholter Aufforderung dein Licht noch immer nicht ausgemacht hast: „Ich versuche gerade, eine seltene Mottenart anzulocken." Und wenn du etwas angestellt hast: „Ich war das nicht. Das war mein Klon!"

Wenn dein Lehrer dich fragt, warum du deine Hausaufgaben nicht gemacht hast, kannst du es mit folgenden Ausreden probieren:
- „Ich habe sie ja gemacht – nur leider habe ich vergessen, sie aufzuschreiben."
- „Ich habe sie gemacht – aber Aliens haben sie mir gestohlen!"
- „Wenn ich wach bin, kann ich einfach nicht klar denken."
- Oder für ganz Mutige: „Ich habe meine Nase zu stark geputzt – dabei ist mein Gehirn rausgefallen."

25

Der Wasserhügel

Der Wasserhügel

Du brauchst
- ein Glas
- Wasser
- ein paar Münzen

So wird's gemacht

Zunächst füllst du das Glas bis zum Rand mit Wasser. Es darf kein Tropfen mehr hineinpassen. Aber Vorsicht: Pass auf, dass nichts überläuft! Nun kannst du mit deinen Freunden wetten, wie viele Münzen ihr in das Glas hineingleiten lassen könnt, ohne dass es eine Überschwemmung gibt. Gebt langsam nach und nach eine Münze in das Glas. Ihr werdet erstaunt sein, wie viele Münzen noch in das Glas passen. Und achtet mal auf das Wasser: Wenn ihr genau hinschaut, könnt ihr sehen, wie sich die Wasseroberfläche zu einem kleinen Hügel wölbt.

Was passiert?

Das Wasser besitzt eine Art Haut. Das ist die sogenannte Oberflächenspannung. Sie sorgt dafür, dass sich ein kleiner Hügel über dem Glasrand bilden kann. Wenn ihr zu viele Münzen in das Glas gebt, wird die Spannung allerdings so groß, dass die Wasserhaut zerreißt.

Tipp

Du solltest das Glas auf ein Handtuch stellen, um eine Überschwemmung zu vermeiden.

Die Streichholzrakete

Du brauchst
- eine Schüssel (du kannst auch eure Badewanne benutzen)
- Wasser
- Spülmittel
- zwei Streichhölzer

So wird's gemacht
Spalte zwei Streichhölzer an ihren Enden mit einem Messer, sodass dort ein kleiner Keil entsteht. Bitte sei dabei sehr vorsichtig! Auf den Spalt des einen Streichholzes gibst du nun einen Tropfen Spülmittel. Dann setzt du beide Streichhölzer in eine Schüssel mit Wasser. Das Streichholz mit dem Spülmittel schießt im Vergleich zu dem anderen ein richtiges Stück nach vorn.

Was passiert?
Das Spülmittel verringert die Oberflächenspannung des Wassers. Die Wasserteilchen im Holzspalt werden vom Spülmittel herausgedrückt. Durch den Rückstoß wird das Streichholz angetrieben – wie eine Rakete!

Die klebenden Gläser

Du brauchst
- zwei gleich große Gläser
- ein Blatt Löschpapier
- ein wenig Wasser
- eine kurze Kerze
- ein Streichholz

So wird's gemacht
Stell die Kerze in eines der Gläser. Feuchte das Löschpapier mit etwas Wasser an. Zünde die Kerze mit dem Streichholz an (es sollte auf jeden Fall ein Erwachsener dabei sein!) und lege dann schnell das Löschpapier auf das Glas mit der brennenden Kerze. Danach setzt du das zweite Glas mit der Öffnung nach unten vorsichtig auf das erste Glas.

Wenn die Flamme der Kerze ausgeht, kannst du das obere Glas behutsam anheben. Und siehe da: Das untere Glas wird gleichzeitig mit hochgehoben. Beide Gläser halten jetzt fest zusammen.

Was passiert?

Jedes Feuer verbraucht Sauerstoff, der sich in der Luft befindet. Die Kerzenflamme hat diesen Sauerstoff in beiden Gläsern aufgebraucht. Dadurch herrscht in den beiden Gläsern ein geringerer Luftdruck als außerhalb. Der höhere äußere Luftdruck presst die beiden Gläser zusammen und sorgt dafür, dass du sie beide zusammen anheben kannst.

Farbenblind

Du brauchst
- Spielfiguren in unterschiedlichen Farben
- einen abgedunkelten Raum

So wird's gemacht

Verdunkele einen Raum so, dass du die Gegenstände im Zimmer gerade noch sehen kannst. Dazu kannst du die Rolllade am Fenster so weit herunterlassen, dass im Zimmer nur noch Dämmerlicht ist. Jetzt mischst du die Spielfiguren (zum Beispiel jeweils zehn rote, blaue, gelbe und grüne Figuren) kräftig durcheinander und legst sie auf den Tisch oder auf den Boden. Kannst du die Figuren nach ihren Farben ordnen? Wenn du die Figuren ganz leicht sortieren kannst, mach den Raum noch ein bisschen dunkler. Dann probierst du es ein weiteres Mal. Ist immer noch alles richtig? Wahrscheinlich nicht.

Was passiert?

Unsere Augen können Farben nur dann erkennen, wenn es ausreichend hell ist. Bei Dämmerlicht (wie zum Beispiel draußen bei Mondschein) sind wir farbenblind.

Schütteltest

Wer hat die besten Lauscher? Mit diesem Versuch findest du es spielend raus!

Du brauchst
- sieben Filmdöschen
- Reiskörner
- ein Blatt Papier
- einen Stift

So wird's gemacht

Fülle die Dosen mit den Reiskörnern. In die erste Dose kommt ein Reiskorn, in die zweite Dose zwei Reiskörner – bis du alle Dosen gefüllt hast. Verschließe sie danach und mische sie gut durch. Nun musst du die Dosen schütteln und heraushören, wie viele Gegenstände sich jeweils in den Dosen befinden.

Test 1

Ordne die Dosen nach der Anzahl der darin befindlichen Reiskörner. Wenn du dir sicher bist, öffne die Dosen und überprüfe das Ergebnis. Die Anzahl der Treffer notierst du auf einem Blatt Papier.

Test 2

Diesmal nimmst du eine Dose, schüttelst sie, schätzt, wie viele Gegenstände darin sind, und überprüfst gleich das Ergebnis. Jedes richtige Ergebnis notierst du auf dem Blatt Papier. So verfährst du mit jeder Dose.

Tipp

Schüttele die Dosen nicht zu heftig! Wenn du sie nur leicht bewegst, kannst du besser heraushören, wie viele Reiskörner sich in den Dosen befinden!

Duftdomino

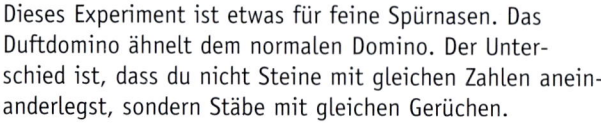

Dieses Experiment ist etwas für feine Spürnasen. Das Duftdomino ähnelt dem normalen Domino. Der Unterschied ist, dass du nicht Steine mit gleichen Zahlen aneinanderlegst, sondern Stäbe mit gleichen Gerüchen.

Du brauchst

- sieben verschiedene Duftöle, Parfums oder Aromen
- sieben Holzspatel oder gut abgewaschene Eisstiele aus Holz
- 14 Teppichschoner (= Klebepunkte) aus Filz

Bei den Duftölen kann dir bestimmt deine Mutter helfen. Teppichschoner gibt es in jedem Baumarkt. Die Holzspatel kennst du vom Doktor. Es sind die Holzstäbe, die er dir auf die Zunge legt, wenn du „A" sagen sollst. Du bekommst die Spatel in der Apotheke.

So wird's gemacht

Auf die Enden der Holzspatel klebst du je ein Filzstück. Auf die Filzstücke tropfst du nun die Duftöle. Auf jeden Spatel kommen zwei verschiedene Düfte. Insgesamt darf jeder Duft nur zweimal vorkommen. Nun mischst du die Stäbe durch. Danach kannst du jedes Stäbchen auf seinen Geruch testen. Erschnüffele die passenden Gerüche und lege die zusammengehörenden Enden der Spatel aneinander. Wenn alles richtig ist, bilden die Stäbchen am Ende einen Kreis. Dann hast du eine super Spürnase!

Tipp

Du kannst auf die Rückseite der Stäbe für jeden Duft einen Buchstaben (also zweimal ein A für den ersten Duft, zweimal ein B für Duft Nummer zwei usw.) schreiben. Mit den Buchstaben kannst du prüfen, ob alle Düfte richtig zugeordnet und aneinandergelegt worden sind. Dazu drehst du am Ende die Spatel um. Passen alle Buchstaben zusammen, stimmt das Ergebnis!

Spür den Piks!

Spür den Piks!

Du brauchst
- ein paar Bleistifte

So wird's gemacht
Dein Freund tippt dir mit mehreren Bleistiftspitzen auf verschiedene Stellen deines Körpers. Er kann dich damit an den Fingerspitzen, am Arm oder auch am Rücken berühren. Versuch mit geschlossenen Augen zu erraten, mit wie vielen Bleistiften dich dein Freund „gepikst" hat. Das hört sich einfacher an, als es ist! Je weiter die Bleistiftspitzen voneinander entfernt sind, desto deutlicher kannst du sie spüren.

Was passiert?
Die Sinneszellen in der Haut spüren den Druck. Aber die Zellen sind nicht gleichmäßig über den ganzen Körper verteilt. Am dichtesten sind die Zellen auf der Lippe und an den Fingerkuppen. Deshalb ist unser Gespür dort auch am besten. Auf den Fingerkuppen kannst du die Bleistiftspitzen auch dann noch einzeln fühlen, wenn sie nur Millimeter voneinander entfernt sind. Besonders unempfindlich ist hingegen der Rücken. Dort liegen die Tastzellen mehrere Zentimeter auseinander.

Krabbelfinger

Krabbelfinger

Bei diesem Experiment spielen die Tastzellen uns allerdings meistens einen Streich. Du kannst das mit deinen Freunden selbst ausprobieren: Dein Freund macht seinen Unterarm frei und schließt die Augen. Dann tippelst du langsam mit deinem Mittel- und Zeigefinger von seiner Hand hoch bis zur Armbeuge. Wenn er glaubt, dass du mit den Fingern an seiner Armbeuge angekommen bist, soll er „Stopp" rufen. Er irrt sich bestimmt und wird viel zu früh „Stopp" rufen. Warum das so ist, hat bislang noch niemand herausgefunden.

Der siebte Sinn

Wir Menschen verfügen über sechs Grundsinne, mit denen wir unsere Umwelt wahrnehmen. Das sind Sehen, Hören, Tasten und Tiefenwahrnehmung, Riechen, Schmecken und der Gleichgewichtssinn. Einen „siebten Sinn" soll jemand haben, der über unerklärliche Fähigkeiten verfügt. Dieser Mensch soll damit angeblich Gedanken lesen oder Ereignisse voraussagen können. Ob es diesen „siebten Sinn" wirklich gibt, ist allerdings nicht bewiesen.

Für die folgenden Tricks brauchst du keinen siebten Sinn, sondern nur ein wenig Übung ...

Zaubertricks

Es gibt mehrere Arten von Zaubertricks. Bei manchen Zaubertricks machst du dir besondere Eigenschaften in der Natur zunutze. Andere Tricks sind einfach nur fauler Zauber, bei denen du deine Zuschauer an der Nase herumführst. Alle Zaubertricks aber haben eins gemein: Du lässt deine Zuschauer glauben, dass du über magische Kräfte verfügst.

Tipp

Bevor du die Tricks vorführst, solltest du sie kräftig üben. Die einfachsten Tricks sind häufig die besten. Erstens benötigst du keine große Vorbereitung. Zweitens kann bei diesen Tricks am wenigsten schiefgehen.

Lügendetektor

Ein Lügendetektor ist ein Apparat, der erkennt, ob ein Mensch die Wahrheit sagt oder lügt. Mit diesem „Test" kannst du deinen Freund auch ohne Lügendetektor ganz bestimmt überführen!

So wird's gemacht

Fordere deinen Freund auf, den Mittelfinger einzuknicken und die übrigen Finger seiner Hand auf den Tisch zu legen. Nun stellst du ihm ein paar Fragen, die er – ohne zu lügen – beantworten soll. Dabei soll er den Finger hochheben, auf den du zeigst. Der angehobene Finger beweist, dass er die Wahrheit gesagt hat. Dieses Frage-und-Antwort-Spiel kannst du ein paar Mal wiederholen. Seinen Ringfinger aber sparst du dir für den Schluss auf. Dann kannst du ihn zum Beispiel fragen: „Und, hast du deine Freundin heute schon geküsst?" Dabei zeigst du auf den Ringfinger. Er wird wahrscheinlich mit „Nein" antworten. Entweder, weil er es tatsächlich nicht getan hat oder weil es ihm unangenehm ist. Doch seinen Ringfinger kann er nicht bewegen. Damit hast du ihn der „Lüge" überführt!

Was passiert?

Die Erklärung ist ganz einfach. In der beschriebenen Handstellung kann der Ringfinger nicht bewegt werden!

Geldzauberei

Bevor du beginnst, erklärst du deinen Zuschauern, dass du Gedanken lesen kannst, wenn es um Geld geht!

Du brauchst

- vier verschiedene Münzen
- einen Behälter (am besten natürlich einen Zauberhut)
- einen Schal oder ein Tuch
- eine Uhr

So wird's gemacht

Du legst die vier verschiedenen Münzen in den Zauberhut. Dann verbindest du dir die Augen. Du forderst einen Zuschauer auf, sich eine der vier Münzen auszusuchen. Der Zuschauer soll die Münze eine halbe Minute ganz fest in seine Faust pressen und dir dabei nur mit seinen Gedanken mitteilen, um welche Münze es sich handelt. Nach 30 Sekunden legt der Zuschauer die Münze wieder in den Hut. Du greifst in den Hut und präsentierst deinem erstaunten Publikum die richtige Münze.

Was passiert?

Natürlich kannst du keine Gedanken lesen. Aber du kannst fühlen, welches Geldstück das richtige ist. Es ist nämlich die Münze, die in der Faust aufgewärmt wurde!

Tipp

Wichtig ist, dass du schnell reagierst und im Hut rasch nach dem Geldstück fühlst! Brauchst du zu lange, kühlt die Münze ab.

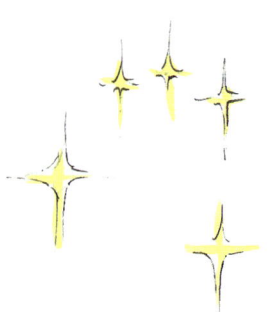

Gedankenlesen
Gedankenlesen

Auch bei dieser Zauberei gibst du dich als Gedanken-
leser aus – vorher suchst du dir einen Gehilfen!

So wird's gemacht

Du gehst vor die Tür. Das Publikum überlegt sich einen Gegenstand, den du durch Gedankenlesen erraten sollst. Wenn du
wieder hineinkommst, wählst du eine Person als sogenanntes
Medium. Behaupte, es habe die stärkste „Strahlung". In Wirklichkeit entscheidest du dich für deinen Gehilfen, mit dem du
den Trick vorher abgesprochen hast. Das Medium nennt dir
nun ein paar Gegenstände. Beim ausgewählten Gegenstand
rufst du: „Stopp. Das ist er!"

Was passiert?

Wie kannst du den vom Publikum ausgewählten Gegenstand
wissen? Mit deinem Gehilfen vereinbarst du vorher ein
Losungswort – zum Beispiel „einen schwarzen Gegenstand".
Nennt er einen schwarzen Gegenstand, dann weißt du, dass
der nächste Begriff das gesuchte Wort ist!

Hellsehen
Hellsehen

Willst du auch noch ein Hellseher sein? Auch für diesen Trick
brauchst du einen Gehilfen.

So wird's gemacht

Du forderst die Zuschauer auf, eine Zahl zwischen null und
zehn zu wählen, sobald du das Zimmer verlassen hast. Nach
deiner Rückkehr wählst du ein Medium aus – deinen Gehilfen.
Dann legst du sanft deine Hände an seine Schläfen. Nach kur-
zer Zeit weißt du die gesuchte Zahl und sprichst sie zum
Erstaunen des Publikums laut aus.

Was passiert?

Dein Gehilfe hat genauso oft die Zähne fest
zusammengebissen, wie es die Zahl verlangt
hat. Die Bewegung der Kaumuskulatur kannst
du an den Schläfen ganz deutlich spüren.

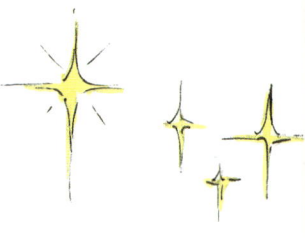
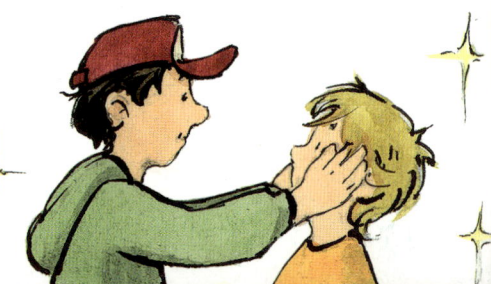

Einfach top: Rekorde

Einfach top: Rekorde

Schneller, höher, weiter. Rekorde sind faszinierend. Ob der höchste Berg der Welt, der längste Fluss, das Fußballspiel mit den meisten Toren oder ganz andere verrückte Sachen – hier findest du ganz viele Bestmarken. Und du kannst dabei kräftig mitraten!

Der Mount Everest

Der Mount Everest

Der Gipfel des Mount Everest ist der höchste Punkt der Erde. Zum ersten Mal kletterten 1953, also vor über 50 Jahren, der Neuseeländer Edmund Hillary und sein Helfer Tenzing Norgay bis ganz nach oben auf den Berg im Himalaya-Gebirge. Seitdem haben schon über 3.500 Kletterer den Mount Everest bestiegen. Am fleißigsten war übrigens ein Hochgebirgsführer aus Nepal. Appa Sherpa stand schon 17-mal auf dem Gipfel.

Der Aufstieg auf den Mount Everest ist natürlich nicht ungefährlich. In den vergangenen 80 Jahren kamen schon über 200 Menschen dort ums Leben. Ein japanischer Rentner ließ sich davon jedoch nicht abhalten. Mit 71 Jahren ist er der älteste Mensch, der den Gipfel des Mount Everest erreichte.

Was glaubst du, wie hoch ist der Mount Everest? Und wie hoch ist der höchste Berg in Deutschland?

Der Mount Everest ist 8.848 Meter hoch. Der höchste Berg Deutschlands ist die Zugspitze mit 2.962 Metern Höhe.

36

Nil und Amazonas

Nil und Amazonas

Um den längsten Fluss der Erde ist ein richtiger Wettstreit entbrannt. Lange Zeit galt der Nil in Afrika als Rekordhalter. Doch Forscher haben den Amazonas in Südamerika von der Mündung bis zur entferntesten Quelle noch einmal genau vermessen. Und siehe da: Der Amazonas soll nicht nur der Fluss mit dem meisten Wasser sein, sondern hat den Nil auch als längsten Fluss der Erde „überholt". Das wird sich so schnell auch nicht ändern. Denn der Amazonas spült reichlich Sand in seine Mündung. Deshalb wächst er jedes Jahr um etwa einen Meter.

Wie lang ist der Amazonas denn nun wirklich? Und um wie viel länger ist er damit als der Nil? Weißt du auch, wie der längste Fluss in Deutschland heißt?

Nach neuesten Messungen ist der Amazonas mit 6.800 Kilometern der längste Fluss der Erde. Er ist damit 105 Kilometer länger als der Nil. Der längste Fluss in Deutschland ist der Rhein. Auf seinen 1.320 Kilometern vom Ausgangspunkt, dem Tomasee in den Schweizer Alpen, bis zur Mündung in die Nordsee fließt er auf einer Länge von 865 Kilometern durch Deutschland.

Eine Zugfahrt, die ist lustig ...

Mit der längsten Zugverbindung ohne Umsteigen kann aber selbst der Amazonas nicht mithalten. Dabei legen die Passagiere in 7 Tagen, 20 Stunden und 25 Minuten eine Strecke von 10.214 Kilometern zurück.

Welche beiden Städte sind Start und Ziel der Direktverbindung?

Die Zugstrecke verbindet die russische Hauptstadt Moskau und Pjöngjang in Nordkorea.

Rekordverdächtiger Fußball

Spielst du gerne Fußball? Hier habe ich ein paar Rekorde rund um den Fußball für dich.

Das Spiel zwischen Borussia Mönchengladbach und Borussia Dortmund in der Saison 1977/78 hält gleich zwei Rekorde in der Bundesliga. Es gehört zu den Begegnungen mit den meisten Toren und es war bislang der höchste Sieg einer Mannschaft. Wie ging das Spiel aus?

Das Spiel endete 12:0 für Borussia Mönchengladbach.

Wenn früher Tore fielen, hieß es häufig, es hat „gemüllert". Kein Wunder. Die häufigsten Tore in einer Saison gelangen Gerd Müller vom deutschen Rekordmeister FC Bayern München in der Saison 1971/72 mit 40 Treffern. Ein anderer Müller hält den Rekord als bester Torschütze in einem einzigen Bundesliga-Spiel. Dieter Müller brachte in der Saison 1977/78 mit dem 1. FC Köln die Gegenspieler vom SV Werder Bremen schier zur Verzweiflung. Wie viele Tore erzielte Dieter Müller in diesem Spiel?

Dieter Müller traf in diesem Spiel sechs Mal. Der erfolgreichste Torschütze in einem Länderspiel ist übrigens der Australier Archie Thompson mit 13 Treffern.

Den Rekord für das schnellste Tor in der Geschichte des Fußballs hält Marc Burrows bei einem Spiel in England von Cowes Sports Reserves gegen Eastleigh am 7. April 2007. Nach wie vielen Sekunden traf Burrows deiner Meinung nach?

Burrows erzielte das Tor bereits nach zwei Sekunden! Dagegen ließ sich Roy Makaay vom FC Bayern München beim schnellsten Tor in der Champions League einen Monat zuvor gegen Real Madrid richtig Zeit: Makaay traf nach zehn Sekunden.

Mit dem Fußball kann man ja allerhand anstellen - zum Beispiel auch „jonglieren". Der Brasilianer Martinho Eduardo Orige bewies besonders viel Geduld und Geschick darin, das runde Leder mit Füßen, Oberschenkeln und mit seinem Kopf in der Luft zu halten. Wie lange schaffte er es, ohne dass der Ball den Boden berührte?

Der Brasilianer hält den Rekord mit 19 Stunden und 30 Minuten.

Kurioses

Kurioses

Der Deutsche Rodolfo Reyes verbesserte seinen Rekord im Zehn-Meter-Hüpfen auf einer Hand auf 13,6 Sekunden. Rolf Iven legte barfuß 19,1 Meter auf glühenden Herdplatten zurück. Besser nicht nachmachen! Kennst du noch den Zauberwürfel? Wie lange brauchte der Japaner Shotaro Makisumi im Jahr 2004 für die schnellste Lösung?

Makisumi brauchte für die Lösung 12,11 Sekunden.

Viele, viele bunte Smarties

Viele, viele bunte Smarties

Es gibt sogar einen Rekord im Smarties-Essen. Der Rekordhalter verputzte 170 Smarties in drei Minuten. Als Hilfe benutzte er dazu ausschließlich chinesische Stäbchen. Ob du das nachmachen kannst?

Köpfchen Köpfchen

Versuch dir doch einmal so viele Karten wie möglich hintereinander einzuprägen. Na, wie viele Karten kannst du im Gedächtnis behalten? Gunther Karsten aus Erfurt hat das mit 52 Karten geschafft – und das in kürzester Zeit. Karsten war damit der Beste bei der Gedächtnis-WM. Was glaubst du, wie lange er gebraucht hat, um sich alle 52 Karten einzuprägen?

Gunther Karsten konnte sich in nur 47,12 Sekunden die Reihenfolge aller 52 Karten merken.

Tierisch gut Tierisch gut

Das schnellste Tier zu Lande ist der Gepard. Den Tempo-Rekord bei den Vögeln hält der Wanderfalke. Und von den Fischen flitzt der Fächerfisch besonders flink durch das Wasser. Wie schnell sind die drei Tiere? Schätz doch mal!

Der Gepard bringt es auf eine Geschwindigkeit von 105 Stundenkilometern. Im Vergleich dazu ist ein Mensch beim 100-Meter-Lauf mit etwa 44 Stundenkilometern beinahe eine lahme Ente. Bei einem Wanderfalken im Sturzflug wurden bereits 184 Stundenkilometer gemessen. In manchen Büchern wird häufig sogar eine Fluggeschwindigkeit von 360 Stundenkilometern angegeben. Der Fächerfisch bewegt sich mit 111 Stundenkilometern durch das Wasser.

Das größte Säugetier auf dem Land ist der Afrikanische Elefant mit einer Höhe von bis zu 3,70 Meter. Er wiegt etwa 7,5 Tonnen und ist damit so schwer wie ein LKW. Viel größer und schwerer ist allerdings der Blauwal. Er wird bis zu 33 Meter lang und wiegt ungefähr 20-mal so viel wie ein Elefant. Ein Delfin ist zwar bei Weitem nicht so groß wie ein Blauwal, kann dafür aber viel höher springen. Bis zu sieben Meter können Delfine aus dem Wasser heraushüpfen – auch das ist ein Rekord. Besonders kräftig sind Gorillas. Ein Gorilla kann ein Gewicht von bis zu 900 Kilogramm stemmen. Da müssen selbst die besten Schwergewichtler unter den Menschen, die um die 250 Kilogramm hochheben können, vor Neid erblassen.

Doch auch die „Liliputaner" unter den Tieren sind zu Höchstleistungen fähig: Eine nur zwei Milligramm wiegende Weber-Ameise kann ein Gewicht von bis zu sieben Gramm schleppen. Für einen Menschen würde das bedeuten, 200 PKW mit bloßer Muskelkraft von der Stelle zu bewegen. Und ein Floh überspringt das 200-Fache seiner eigenen Körperlänge.

41

Käsekästchen

Ziel des Spiels ist es, mehr Kästchen auf einem zuvor bestimmten Feld (dem Käse) einzurahmen als der Gegner.

Du brauchst

- ein kariertes Blatt Papier (zum Beispiel aus dem Rechenheft)
- einen Stift

So wird's gemacht

Zunächst grenzt ihr auf dem karierten Papier mit dem Stift ein Feld ab. Für Anfänger ist es leichter, erst einmal ein Viereck als Feld zu bilden. Je größer das Feld ist, desto länger dauert das Spiel. Ihr lost aus, wer mit dem Spiel beginnt. Wer am Zug ist, macht einen Strich. Er verstärkt also die vorgedruckte Grenze zwischen zwei Karos im Feld. Wer mit seinem Strich ein oder zwei Karos schließt, kann nun sein Zeichen (Kreuz, Kreis, Häkchen ...) dort hineinmalen und hat damit seine eigenen Käsekästchen gesichert. Wenn jemand ein Käsekästchen geschlossen hat, ist er noch mal an der Reihe. Es besteht Zugzwang. Jeder muss so oft ziehen, bis er einen Strich macht, der kein Käsekästchen schließt. Es ist jedoch keine Pflicht, ein Käsekästchen zu schließen. Wenn alle möglichen Striche im Feld gemacht sind, ist das Spiel zu Ende. Dann werden die Zeichen der Spieler gezählt. Gewonnen hat, wer die meisten Käsekästchen gebildet hat.

Tipp

Eine besondere Herausforderung ist es, wenn das Feld einige Ecken und Engstellen hat. Solche Felder eignen sich für Käsekästchen-Profis! Allerdings solltet ihr Felder vermeiden, bei denen einzelne Karos bereits von drei Seiten umrahmt sind.

Schiffe versenken

Dieses Spiel ist ebenfalls ein
echter Klassiker bei Schulkindern.

Du brauchst

- ein kariertes Blatt und einen Stift für
  jeden Spieler

So wird's gemacht

Zuerst zeichnet sich jeder der zwei Spieler zwei
quadratische Spielpläne. Die Pläne sind jeweils 10
Kästchen hoch und 10 Kästchen breit. Die Pläne markiert ihr an den Seiten mit Buchstaben (von A bis J) und an
den oberen oder unteren Rändern mit Zahlen (von 1 bis 10).
Ein Plan stellt jeweils das eigene Meer dar, der andere das
gegnerische Meer.

In das eigene Meer platziert ihr nun eure Flotte. Sie besteht
aus zehn Schiffen: einem Schlachtschiff (5 Kästchen lang),
zwei Zerstörern (je 4 Kästchen lang), drei Kreuzern (je 3 Kästchen lang) und vier U-Booten (je 2 Kästchen lang). Die Schiffe müssen so im Meer postiert sein, dass sie nicht aneinander-
stoßen. Sie dürfen natürlich auch nicht über Eck gebaut sein
oder Ausbuchtungen haben. Am Rand dürfen Schiffe aber liegen.

Nun lost ihr aus, wer beginnt. Derjenige, der „am Schuss" ist,
gibt an, wohin er „feuert". Dazu nennt er eine sogenannte
Koordinate – also zum Beispiel C3. Der Gegenspieler schaut
auf seinen Plan und gibt an, ob der Schuss ins Wasser ging
oder ob eines seiner Schiffe getroffen wurde („Treffer"). Ist
der Schuss ein Treffer, darf der Spieler weiter „feuern". Sonst
ist der andere Spieler an der Reihe.

Die gelandeten Treffer und auch die Fehlschüsse verzeichnet
ihr selbstverständlich auf eurem zweiten Plan, dem gegnerischen Meer. Mithilfe dieses Plans könnt ihr erahnen, wo weitere Schiffe eures Gegenspielers liegen. Ein Schiff gilt als
versenkt, wenn alle Felder des Schiffes einen Treffer
erlitten haben. Auch das „Sinken" eines Schiffes wird
vom Gegner vermeldet, und zwar mit den Worten
„Treffer – versenkt". Wer zuerst alle Schiffe des Gegners
versenkt hat, ist der Sieger.

Schnick-Schnack-Schnuck

Schnick-Schnack-Schnuck

Ob in der Pause oder im Schulbus: Ein richtiges Schnick-Schnack-Schnuck-Duell ist an Spannung kaum zu überbieten.

So wird's gemacht

Du und dein Freund stellt euch gegenüber auf. Dann wedelt ihr mit eurer rechten Hand und sagt dabei „Schnick-Schnack-Schnuck". Bei „Schnuck" macht jeder mit der Hand ein Zeichen – entweder Stein, Schere, Papier oder Brunnen.

Die Zeichen haben folgende Bedeutung und Wertigkeit:

Der Stein schleift die Schere, fällt aber in den Brunnen und wird vom Papier eingewickelt. Er gewinnt also nur gegen die Schere.

Die Schere schneidet das Papier, fällt aber in den Brunnen und wird vom Stein geschliffen. Sie punktet also lediglich gegenüber dem Papier.

Das Papier deckt den Brunnen ab und wickelt den Stein ein. Von der Schere wird es allerdings zerschnitten. Immerhin gewinnt das Papier damit gegen Brunnen und Stein.

Der Brunnen siegt gegen Schere und Stein (die ja in den Brunnen hineinfallen), verliert jedoch gegen Papier (das den Brunnen zudeckt).

Jeder Spieler darf höchstens zweimal in Folge das gleiche Zeichen wählen. Für jeden Sieg mit einem Zeichen gibt es einen Punkt.

Superschlaue Eselsbrücken

Superschlaue Eselsbrücken

Wer nämlich mit h schreibt, ist dämlich!

Differenzen und Summen kürzen nur die Dummen!

Der Nullen sechs hat die Million,
mit neun glänzt die Milliarde schon.
Es folgt mit zwölf ihr die Billion,
zuletzt mit achtzehn die Trillion.

Wenn „wider" nur „dagegen" meint, dann ist das „e" dem „i"
stets feind!

Spuckst du nach Luv, kommt's wieder ruff.
Spuckst du nach Lee, geht's in die See.

Sei nicht dumm und merk dir bloß: Namenwörter schreibt man
groß!

Wer in eine Summe kürzt,
wird ins größte Loch gestürzt.

Mein Vater erklärt mir jeden Sonntag unseren Nachthimmel.
(Merkur, Venus, Erde, Mars, Jupiter, Saturn, Uranus, Neptun)

Durch null teile nie –
denn das bricht dir das Knie!

Wo man redet, sagt und spricht,
vergiss die kleinen Zeichen nicht.

Im Osten geht die Sonne auf,
im Süden nimmt sie ihren Lauf,
im Westen will sie untergehn,
im Norden ist sie nie zu sehn.

Nie ohne Seife waschen.
(Die Himmelsrichtungen im Uhrzeigersinn:
Nord, Ost, Süd, West)

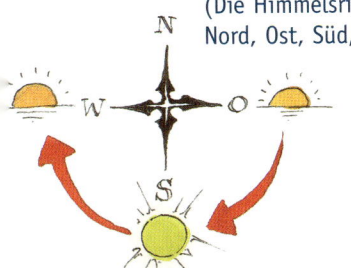

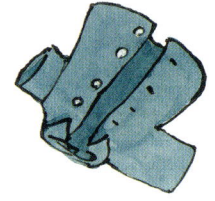

Klamottenstaffel

Klamottenstaffel

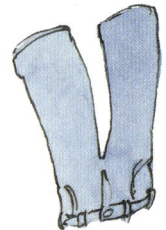

Dieser Staffel-Lauf ist ein großer Spaß und eine Herausforde-rung zugleich! Denn es geht nicht nur darum, besonders schnell zu rennen, sondern euch auch rasch an- und auszu-ziehen.

Du brauchst

- alte Klamotten (zum Beispiel Hemden, Hosen, T-Shirts, Mützen, Handschuhe und Socken)

So wird's gemacht

Legt an ein Ende der Rennstrecke zwei Stapel aus alten Kla-motten hin. Dann teilt euch in zwei Gruppen auf und stellt euch an der Startlinie – gegenüber von dem Kleiderstapel – auf.

Nach dem Startkommando rennen die jeweils ersten Läufer ihrer Staffel los und zu dem Stapel mit den Klamotten. Dort suchen sie sich ein Kleidungsstück aus und ziehen es an der richtigen Stelle an – also die Mütze auf den Kopf, den Hand-schuh an die Hand ... Danach geht es zurück zum Start. Dort muss der Läufer das Kleidungsstück wieder ausziehen und an den nächsten Läufer übergeben. Die Klamotten sind also sozu-sagen der Staffelstab. Der zweite Läufer rennt los und zieht ein zweites Kleidungsstück an. So geht es immer weiter. Gewonnen hat die Gruppe, deren letzter Läufer voll angezogen zuerst zurück den Start erreicht.

Tipp

Es ist sinnvoll, sich zunächst die Kleidungsstücke auszusu-chen, die besonders schnell an- und auszuziehen sind!

Hindernislauf
Hindernislauf

Baut euch doch mal einen eigenen Hindernispar-
cours auf. Wer schafft es wohl besonders flink
über die ganzen Hindernisse bis ins Ziel?

Hier ein paar Tipps für originelle Hindernisse:
- Reifen oder Kartons, durch die ihr hindurchkriecht
- Leitern, Tische und Stühle zum Hinüberklettern
- mit Tischtennisschläger und Ball über ein schmales Brett
  laufen, ohne dass der Ball zu Boden fällt (wenn der Ball
  hinfällt, muss die Übung wiederholt werden)
- einen Luftballon über eine gewisse Strecke auf einer Fris-
  beescheibe balancieren – natürlich ohne den Luftballon fest-
  zuhalten!
- ein Stück mit zusammengebundenen Beinen laufen, sodass
  man nur mit kleinen Schritten vorwärtskommt oder hüpfen
  muss (wie beim Sackhüpfen)

Stoppt mit einer Uhr die Zeit, die jeder für den Parcours benötigt. Wer die wenigste Zeit benötigt, darf sich Hindernis-
könig nennen!

Storchenkampf
Storchenkampf

Du und dein Freund stellt euch auf nur einem Bein stehend
gegenüber auf. Nun streckt ihr euch eure Handinnenseiten
entgegen und versucht, euch gegenseitig aus dem Gleichge-
wicht zu bringen. Verloren hat der „Storch", der als Erster zu
Boden fällt oder sein zweites Bein zu Hilfe nehmen muss.

Tipp
Zeichnet mit Kreide einen kleinen
Kreis auf, in dem ihr euch beide
aufstellt. Der „Storch", der aus
dem Kreis hinausgedrückt wird,
hat ebenfalls verloren.

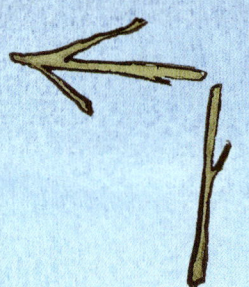

Schnipseljagd
Schnipseljagd

Ja, wie heißt das Spiel denn nun überhaupt? Manche kennen es unter dem Namen Schnitzeljagd, für andere ist es die Schnipseljagd.

So wird's gemacht

Teilt euch in zwei Gruppen auf. Die erste Gruppe bekommt einen Vorsprung von 15 Minuten. In dieser Zeit sucht sich die erste Gruppe ein gutes Versteck und legt auf dem Weg dahin mit Papierschnipseln eine Fährte. Als Hinweise können auch ganz viele andere Sachen dienen, zum Beispiel Kreidepfeile, Sägemehl, Äste oder an Bäume gehängte Bänder.

In der zweiten Gruppe sind die Jäger und Fährtenleser. Ob sie es wohl schaffen, die Spuren richtig zu deuten und das Versteck aufzuspüren?
Hier noch ein paar wichtige Ratschläge: Wenn ihr euch in einer Stadt oder in Wohngebieten befindet, bleibt bitte auf den Gehwegen und achtet auf den Straßenverkehr! Geht ihr zur Schnipseljagd in den Wald, passt bitte auf, dass ihr keine Mitspieler aus eurer Gruppe verliert, und geht nach Hause, bevor es dunkel wird!

Tipp

Natürlich kann die erste Gruppe auch ein paar falsche Fährten legen, um die Jäger in die Irre zu führen. Ist die erste Gruppe in ihrem Versteck angekommen, sollte sie sich ruhig verhalten, damit sie nicht schon von Weitem gehört wird.

Stadt-Rallye

Stadt-Rallye

Eine Stadt-Rallye macht nicht nur jede Menge Spaß,
ihr könnt dabei auch eine fremde Stadt wunderbar
erkunden oder eure Heimatstadt noch besser kennenlernen.

Ein Spielleiter muss natürlich die Fragen vorbereiten. So könn-
ten zum Beispiel die Aufgaben auf euren Zettelchen lauten:
Wie viele Ampeln gibt es in der Berliner Straße? Welches Tier
befindet sich am Haus im Heckenweg mit der Nummer 9? Was
bekommt ihr zu essen, wenn ihr in der Pizzeria La Luna auf
der Speisenkarte die Nummer sieben wählt?
Bildet kleine Teams mit je zwei oder drei Spielern. Schon
könnt ihr mit der Rallye beginnen. Das Team mit den meisten
richtigen Antworten hat am Ende gewonnen. Auch hier gilt:
Denkt nicht nur an die Aufgaben, die ihr erfüllen müsst, sondern achtet bitte gut auf den Straßenverkehr!

Stein-Boccia

Stein-Boccia

Bei einem Ausflug in der Natur könnt ihr sehr gut mit einem
Boccia-Spiel für zusätzlichen Spaß sorgen. Dazu braucht ihr
gar keine richtigen Boccia-Kugeln. Ihr könnt auch einfach ein
paar Steine benutzen.

Du brauchst

- einen größeren Stein
- kleinere Steine
- einen wasserfesten Stift oder Kreide

So wird's gemacht

Jeder Spieler bekommt eine zuvor festgelegte
Anzahl von kleinen Steinen, die er mit einem
bestimmten Zeichen markiert. Ein Spieler wirft von
einem festgelegten Punkt den größeren Zielstein auf
eine Wiese oder auf den Waldboden. Jeder Spieler muss
nun versuchen, seine eigenen Steine möglichst nah an
den Zielstein heranzuwerfen. Es wird reihum jeweils ein Stein
geworfen. Gewonnen hat der Spieler, dessen Stein dem Ziel am
nächsten ist.

49

Kistenfußball

Kistenfußball

Du brauchst
- zwei Kisten (zum Beispiel Obstkisten aus dem Supermarkt)
- einen Tennisball

So wird's gemacht
Wählt zwei Mannschaften. Gespielt wird mit einem Tennisball. Die zwei Obstkisten sind die Tore. Im Vergleich zu einem richtigen Fußballspiel gibt es nur einen Unterschied: Es gibt keine Torhüter. Niemand darf also den Ball mit den Händen berühren.

Bei einer ungeraden Zahl von Spielern könnt ihr das Spiel auch leicht abändern: Dann wird nur auf eine Kiste gespielt. Es gibt einen Torwart, der allerdings nicht mit den Händen halten darf. Die Mannschaft, die im Ballbesitz ist, greift an. Die andere verteidigt. Ihr solltet euch vorher einigen, wie das Spiel nach einem Ballverlust fortgesetzt wird. Entweder geht es sofort weiter – dann darf der Spieler, der den Ball abgefangen hat, unmittelbar ein Tor erzielen – oder ihr legt fest, dass der Ball nach einem Ballverlust erst wieder von einem anderen Mitspieler berührt werden muss, bevor ein Tor erzielt werden kann.

Tipp
Nach ein paar Toren oder einer gewissen Zeit solltet ihr den Torhüter auswechseln, damit auch jeder mal im Feld spielen kann!

Nudeln

Nudeln

Keine Ahnung, woher das Wort für dieses Spiel kommt, aber es hat mich und meine Freunde in der Schulzeit in so mancher Pause über die Zeit gerettet.

Du brauchst

- einen Tennisball
- eine Wand und etwas Platz davor
- möglicherweise ein Stück Kreide

So wird's gemacht

An der Wand macht ihr – zum Beispiel mit Kreide – zwei Markierungen. Damit grenzt ihr das Zielfeld ein, das ihr immer wieder treffen müsst. Je größer das Feld ist, desto leichter ist es natürlich.

Mitmachen können beliebig viele Spieler. Der erste Spieler versucht, von einem zuvor bestimmten Punkt das Zielfeld mit dem Tennisball zu treffen. Je fester er schießt und je weiter der Ball von der Wand wegspringt, desto schwieriger wird es für den nachfolgenden Spieler. Dabei gibt es zwei Möglichkeiten: Entweder kann der nächste Spieler den Ball stoppen, bevor er ihn wieder gegen die Wand schießt (das ist natürlich einfacher), oder er muss direkt versuchen, ihn gegen die Wand zu schießen (das ist die Variante für echte Nudel-Profis). Der Spieler, der es nicht schafft, das Zielfeld an der Wand zu treffen, scheidet aus. Dann geht es mit dem nächsten Spieler vom Ausgangspunkt weiter. Gewonnen hat, wer am Ende übrig bleibt.

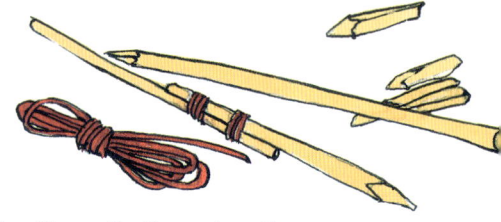

Fußvolleyball

Fußvolleyball

Dieses Spiel bringt nicht nur eine Menge Spaß, sondern ihr bekommt dabei auch eine gute Ballbeherrschung. Allerdings braucht ihr ein bisschen Platz und die Möglichkeit, eine Schnur zu spannen.

Du brauchst

- eine Schnur
- Kreide

So wird's gemacht

Markiert mit Kreide ein Spielfeld. Je mehr Spieler ihr seid, desto größer sollte das Spielfeld sein. In der Mitte des Feldes spannt ihr etwa in Brusthöhe die Schnur. Dann wählt ihr zwei Mannschaften, die sich jeweils in ihrer Spielhälfte aufstellen.

Das Spiel beginnt nicht wie beim Fußball mit dem Anstoß, sondern mit einem Einwurf. Ein Spieler wirft den Ball im Bogen über die Schnur zur anderen Mannschaft. Dort kann ein Spieler den Ball direkt über die Schnur zurückspielen oder zu einem Mitspieler „passen". Der Ball darf dabei nicht auf dem Boden aufkommen. Insgesamt dürfen drei Spieler einer Mannschaft den Ball berühren, bevor er zurück ins gegnerische Feld gebracht werden muss. Dazu dürft ihr bis auf eure Hände und Arme alle Körperteile benutzen.

Wenn der Ball den Boden berührt, spätestens nach drei Berührungen nicht über die Schnur gespielt wird oder beim Herüberspielen ins Aus fliegt, bekommt die gegnerische Mannschaft einen Punkt. Einigt euch vor dem Spiel darauf, bei wie vielen Punkten eine Mannschaft gewonnen hat.

Tipp

Ihr könnt die Regeln auch vereinfachen. Bei der leichteren Variante ist es erlaubt, den Ball nach jeder Berührung einmal auf dem Boden aufprallen zu lassen.

Völkerball

Beim Völkerball müsst ihr flink auf den Beinen sein! Ihr braucht eine gute Ausdauer, Geschicklichkeit und Treffsicherheit!

Du brauchst
- mindestens einen Ball
- Kreide

So wird's gemacht

Markiert mit Kreide ein Feld, das in zwei gleich große Hälften unterteilt wird. Dann wählt ihr zwei Mannschaften. Es können beliebig viele Spieler mitmachen. Ihr könnt einen Ball oder auch mehrere Bälle benutzen. Ziel des Spiels ist es, die Spieler der gegnerischen Mannschaft mit dem Ball zu treffen, sodass sie ausscheiden. Es gewinnt die Mannschaft, die alle Spieler des Gegners ausgeschaltet hat.

Zu Beginn befinden sich die Spieler auf ihrer Seite des Feldes. Dabei gibt es eine Ausnahme: Jedes Team wählt einen König, der sich hinter dem Feld der gegnerischen Mannschaft aufhält. Die Spieler versuchen sich nun im wahrsten Sinne des Wortes gegenseitig rauszuwerfen. Wird ein Spieler getroffen und berührt der Ball danach den Boden, muss er ins Außenfeld zum König. Ihr könnt euch wieder „freilösen", indem ihr von dort einen Gegner mit dem Ball abwerft. Dann könnt ihr wieder in euer Feld.

Befindet sich kein Spieler einer Mannschaft mehr im Feld, schlägt die Stunde des Königs. Der König rückt nun in das Feld. Dabei hat er drei „Leben". Der König verlässt das Feld wieder, wenn einer seiner Mitspieler von außen einen Gegner getroffen und sich damit „freigelöst" hat. Befinden sich keine Spieler mehr im Feld und hat der König seine drei Leben verbraucht, ist das Spiel vorbei. Dann hat die gegnerische Mannschaft gewonnen.

Tipp

Ihr solltet darauf achten, dass die Bälle nicht zu hart sind, denn es sollte sich ja niemand wehtun, wenn er vom Ball getroffen wird. Aus diesem Grund zählen auch keine Kopftreffer!

Brennball

Brennball ist dem Spiel Baseball ähnlich – einer Sportart, die vor allem in den USA sehr beliebt ist. Der Unterschied besteht darin, dass ihr den Ball nicht mit einem Schläger treffen müsst, sondern werfen könnt.

Du brauchst

- einen Ball
- einen Eimer oder einen Korb
- vier Lappen oder alte Handtücher

So wird's gemacht

Beim Brennball können beliebig viele Spieler mitmachen. Wählt zunächst zwei gleich große Mannschaften. Die vier Lappen oder Handtücher markieren die Eckpunkte des quadratischen Feldes, in dem sich die Spieler der einen Mannschaft aufhalten. Sie sind aber zugleich auch Start, Zwischen- und Endstation für die Spieler der anderen Mannschaft. Ein Lappen markiert den Start- und Endpunkt, die anderen Lappen sind die Stationen zwei, drei und vier. Der Eimer wird an der Start- und Endstation aufgestellt.

Ein Spieler wirft den Ball vom Startpunkt ins Feld und läuft los (springt der Ball ins Aus, scheidet der Spieler aus). Er versucht, die nächste Station zu erreichen. Am besten ist es, wenn er es sogar schafft, mit einem Versuch einmal um das ganze Feld zu laufen. Doch Vorsicht! Die Spieler der anderen Mannschaft versuchen, den Ball zu fangen und dann so schnell es geht in den Eimer zu legen.

Ist der Ball im Eimer versenkt und befindet sich der Spieler der anderen Mannschaft zu diesem Zeitpunkt an keiner Station, dann ist der Spieler „verbrannt". Damit ist der Spieler für diesen Durchgang ausgeschieden. Berührt er aber einen Lappen, so kann er beim Wurf des nachfolgenden Mitspielers weiter zur nächsten Station oder bis ins Ziel laufen.

Der letzte Spieler hat es natürlich besonders schwer. Er muss versuchen, das Ziel mit nur einem Versuch zu erreichen. Für jeden Spieler, der es bis ins Ziel geschafft hat, erhält die Mannschaft einen Punkt. Waren alle Spieler eines Teams einmal an der Reihe, tauschen die Mannschaften ihre Positionen. Nun versucht das andere Team, durch Werfen und Laufen Punkte zu erzielen. Gewonnen hat das Team, das die meisten Spieler ins Ziel gebracht und damit mehr Punkte gesammelt hat als der Gegner.

Tipps

Für die Mannschaft, die mit Werfen und Laufen an der Reihe ist, gilt: Jeder Spieler muss sich nach einem Wurf gut überlegen, ob er es bis zur nächsten Station schafft! Wenn ihr merkt, dass es knapp wird, solltet ihr nach einem Wurf lieber zur Ausgangsstation zurücklaufen oder dort sofort stehen bleiben. Die Spieler der Mannschaft, die sich im Feld befindet, sollten sich dort möglichst gleichmäßig verteilen. Ist der Ball gefangen, sollten sie sich den Ball untereinander zupassen. Damit können sie den Ball schneller in den Eimer befördern, als mit dem Ball zum Eimer zu laufen!

55

Kuckucksei

Kuckucksei

Eine Kuckuck-Mama zieht ihre Kinder nicht selbst
groß. Sie legt ihre Eier in das Nest eines anderen Vogels.
Genauso wie die Kuckuck-Mama versteckt ihr ein falsches Wort
in einer Liste mit mehreren Begriffen. Ein Beispiel: Ein Spieler
schreibt fünf Wörter untereinander. Er wählt die Begriffe
Pferd, Löwe, Elefant, Delfin und Giraffe. Die anderen Spieler
müssen nun das falsche Wort erraten. Es handelt sich natürlich
um den Delfin, weil er im Gegensatz zu den anderen Tieren im
Wasser lebt. Der Spieler, der das „Kuckucksei" zuerst entdeckt
hat, bekommt einen Punkt. Der Reihe nach muss sich jeder
Spieler eine Liste ausdenken. Sieger ist der Spieler, der am
Ende die meisten „Kuckuckseier" gesammelt hat.

Koffer packen

Koffer packen

Stell dir vor, es geht ab in den Urlaub. Ist das nicht herrlich?
Aber vorher muss noch der Koffer gepackt werden. Was nehmt
ihr alles mit?

So wird's gemacht

Der erste Spieler nennt einen Gegenstand, der in den Koffer
gepackt wird. Er sagt zum Beispiel: „Ich packe meinen Koffer
und lege eine Luftmatratze hinein." Der Nachfolger wiederholt
den Satz und fügt einen Gegenstand hinzu. So geht es weiter.
Reihum müssen die Spieler alle bereits genannten Gegenstände in der richtigen Reihenfolge lückenlos aufzählen und am
Ende der Liste einen weiteren, eigenen Gegenstand hinzufügen. Ein Spieler scheidet aus, wenn er Gegenstände in ihrer
Reihenfolge vertauscht oder weglässt. Es gewinnt der Spieler,
der am Ende übrig bleibt.

Tipp

Ihr könnt die Gegenstände, die in den Koffer
gepackt werden, auch zusätzlich mit jeweiligen
Gesten erklären. Jeder Spieler muss dann sowohl
die Gegenstände als auch die Gesten wiederholen.
Das kann nicht nur sehr lustig sein, damit könnt ihr
euch die Gegenstände auch besser merken.

Wer bin ich?

Bei diesem Spiel werdet ihr zu einer anderen Person. Dabei wisst ihr selbst nicht, wer ihr seid. Doch durch geschicktes Fragen könnt ihr es herausfinden!

Du brauchst
- Klebezettel
- Stifte

So wird's gemacht
Jeder Spieler schreibt den Namen einer Person auf einen Klebezettel. Dabei kann es sich auch um eine Filmfigur, einen Comic-Helden oder um ein Tier aus einem Zeichentrickfilm handeln. Denkt euch etwas Lustiges aus! Jeder Spieler klebt nun den beschrifteten Zettel seinem rechten Sitznachbarn an die Stirn. Einigt euch darauf, wer mit dem Raten beginnen darf. Der Spieler, der an der Reihe ist, muss nun mithilfe geschickter Fragen herausbekommen, wer er ist. Die anderen Spieler dürfen ihm nur mit „Ja" oder „Nein" antworten. Solange die Antwort „ja" lautet, darf er weiterfragen. Bei einem „Nein" ist der Nächste an der Reihe.

Tipp
Fragen wie „Bin ich unser Klassenlehrer?" bringen einen in der Regel nicht weiter. Besser wäre eine Frage wie „Bin ich erwachsen?" oder „Bin ich sehr oft in der Schule?" Damit kommt ihr schneller ans Ziel. Versprochen!

57

Schwarze Liste

Mit Köpfchen und guten Ideen könnt ihr dieses Spiel selbst anfertigen und dann ausprobieren.

Du brauchst
- Zettel (am besten Karteikarten)
- einen Stift
- eine Uhr (am besten eine Sanduhr)

Vorbereitung

Denkt euch ein Wort aus, das ihr später erklären oder erraten müsst. Das Wort schreibt ihr ganz oben auf die Karte. Darunter kommt die „schwarze Liste". Das sind fünf Begriffe, die mit dem Wort oben auf der Karte zu tun haben. Wenn ihr später euren Mitspielern das zu erratende Wort erklären müsst, dürft ihr die Begriffe auf der „schwarzen Liste" nicht benutzen. Ein Beispiel: Ihr wählt das Wort „Schule". Für die „schwarze Liste" wählt ihr die Begriffe Lehrer, Klasse, Hausaufgaben, Noten und Zeugnis aus.

Wenn ihr euch genügend Wörter mit den dazugehörigen „schwarzen Listen" ausgedacht und auf die Karten geschrieben habt, könnt ihr mit dem Spiel beginnen. Ihr müsst mindestens vier Spieler sein, damit ihr zwei Mannschaften bilden könnt. Außerdem benötigt ihr Stift und Zettel, um die Punkte aufzuschreiben, sowie eine Uhr – am besten eine Sanduhr.

Jetzt wird gespielt

Der Kartenstapel wird verdeckt auf den Tisch gelegt. Die Sand-uhr wird umgedreht und eine Mannschaft beginnt. Ein Spieler zieht die erste Karte und versucht nun, das Wort zu erklären. Er darf dabei natürlich nicht die Begriffe auf der „schwarzen Liste" verwenden. Außerdem darf er keine Hinweise durch Zei-chen oder Geräusche geben. Ein Spieler der gegnerischen Mannschaft sollte genau aufpassen. Wird gegen die Regeln verstoßen, ruft er laut „Verboten!"
Für jede verbotene Tat gibt es einen Punkt für den Gegner. Jeder erratene Begriff bringt einen Punkt für die eigene Mann-schaft. Für jeden Durchgang habt ihr eine Minute Zeit. Am Ende der Runde zählt ihr die Punkte zusammen. Dann ist die andere Mannschaft an der Reihe. Das Team, das zuerst eine bestimmte Punktzahl erreicht oder nach einer gewissen Run-denzahl die meisten Punkte hat, ist der Sieger.

Tipp

Ihr könnt eure selbst gemachten Zettel oder Karteikarten auch für eine andere Variante benutzen, die ebenfalls mit zwei Mannschaften gespielt wird. Das geht so: Ein Spieler liest den Begriff oben auf der Karte laut vor. Dann müssen die Spieler der anderen Mannschaft innerhalb von einer Minute so viele Wörter rufen, wie sie ihnen zu dem Begriff einfallen. Für jedes genannte Wort, das auf der Liste steht, gibt es einen Punkt. Auch bei diesem Spiel gewinnt die Mannschaft, die nach einer gewissen Rundenzahl die meisten Punkte gesammelt oder als erstes Team eine vor Spielbeginn abgemachte Punktzahl erreicht hat.

Schon gewusst?

Zu diesem Spiel gibt es übrigens eine spannende Entstehungs-geschichte. Angeblich haben Mönche das Spiel im Mittelalter erfunden, um sich nach einem jahrelangen Schweigegelübde wieder auf die Welt außerhalb ihres Klosters vorzubereiten. Das Spiel wurde schließlich beim Wiederaufbau der St. Alban´s Kirche in London in einem zuvor unbekannten Raum entdeckt.

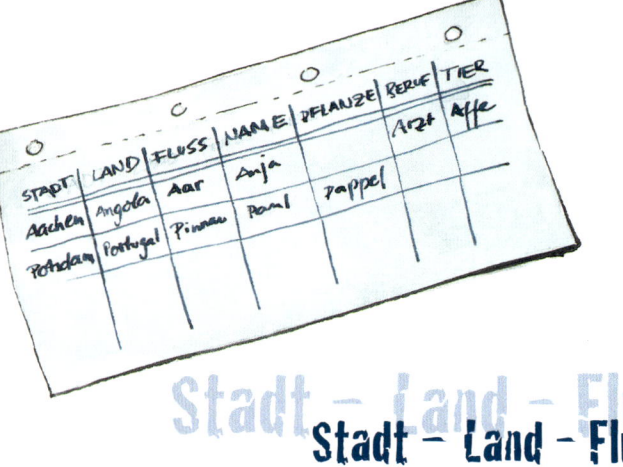

The handwritten table shows:

STADT	LAND	FLUSS	NAME	PFLANZE	BERUF	TIER
					Arzt	Affe
Aachen	Angola	Aar	Anja	Pappel		
Potsdam	Portugal	Pinnau	Paul			

Stadt – Land – Fluss

Stadt – Land – Fluss

Die Erwachsenen nennen dieses Spiel Stadt – Land – Fluss. Ihr könnt das Spiel aber beliebig umbenennen. Das kommt ganz darauf an, welche Begriffe ihr erraten wollt.

Du brauchst
• je ein Blatt Papier und einen Stift pro Spieler

So wird's gemacht
Einigt euch vor Beginn auf die Bereiche, zu denen ihr später Begriffe sucht. In der ursprünglichen Version sind das Stadt – Land – Fluss – Name – Pflanze – Beruf – Tier.
Wenn ihr euch auf die Bereiche geeinigt und sie oben auf eurem Blatt nebeneinander notiert habt, kann das Spiel beginnen. Zunächst wird ein Buchstabe ermittelt. Dies geschieht, indem ein Spieler leise das Alphabet aufsagt und ein anderer Spieler irgendwann „Stopp" ruft. Der Buchstabe wird laut genannt, dann geht es los: Jeder Spieler versucht so schnell wie möglich, jeweils einen Begriff mit dem genannten Anfangsbuchstaben in die verschiedenen Kategorien zu schreiben. Wer zuerst fertig ist, sagt laut „Stopp".

Wertung
Für ein Feld, für das nur ein Spieler einen Begriff gefunden hat, gibt es 20 Punkte. 10 Punkte bekommt jeder Spieler für ein Wort, das nur einmal vorhanden ist. Für Wörter, die von mindestens zwei Spielern verwendet wurden, gibt es 5 Punkte. Sieger ist, wer zum Schluss die meisten Punkte gesammelt hat.

Tipps
Bei schwierigen Buchstaben wie X, Y oder C könnt ihr euch darauf einigen, dass ein neuer Buchstabe gesucht wird.

Rippel-Tippel

Rippel-Tippel

Dieses Spiel klingt ganz einfach. Aber aufgepasst: Ihr solltet euch gut konzentrieren! Sonst sieht euer Gesicht aus, als hättet ihr Windpocken.

Du brauchst
- ein Stück Kreide oder etwas Karnevalsschminke

So wird's gemacht
Alle Spieler sitzen im Kreis und zählen von eins bis zum Ende durch. Merkt euch gut eure eigene Zahl und die eurer Mitspieler! Spieler Nummer eins beginnt und ruft einen anderen Mitspieler. Das hört sich dann so an: „Rippel-Tippel Nummer eins ohne Tippel ruft Rippel-Tippel Nummer vier ohne Tippel." Spieler Nummer vier muss nun antworten und einen anderen Mitspieler aussuchen: „Rippel-Tippel Nummer vier ohne Tippel ruft Rippel-Tippel Nummer..."

Wer nicht aufpasst oder sich verspricht, bekommt einen Tippel. Das ist ein kleiner Punkt oder Strich, der auf die Wange oder Stirn gemalt wird. Je länger das Spiel dauert, desto schwieriger wird es. Denn ihr müsst natürlich aufpassen, wie viele Tippel ihr selbst habt und wie viele Tippel eure Mitspieler im Gesicht haben – später heißt es dann zum Beispiel: „Rippel-Tippel Nummer zwei mit vier Tippeln ruft Rippel-Tippel Nummer drei mit zwei Tippeln."
Wer am Ende des Spiels die wenigsten Tippel hat, ist Rippel-Tippel-Sieger!

Lusche-Knobeln

Lusche-Knobeln

Du brauchst
- einen Würfel
- Stift und Papier

So wird's gemacht

Legt vor dem Spiel fest, wie viele Punkte zum Sieg nötig sind. Jedes Auge zählt einen Punkt. In jedem Durchgang könnt ihr selbst bestimmen, wie lange ihr würfelt. Aber aufgepasst: Bei einer Lusche, also einer Eins, werden alle Punkte des Durchgangs gelöscht. Ein Beispiel: Ihr würfelt eine Vier, Fünf, Drei und Zwei. Ihr entscheidet euch, die Runde zu beenden. Also bekommt ihr 14 Punkte. Dann ist der nächste Spieler an der Reihe. Im zweiten Durchgang würfelt ihr eine Sechs, Vier, Fünf und eine Eins. Damit habt ihr in dem Durchgang keinen Punkt und bleibt bei 14 Punkten stehen.

Trick-Track

Trick-Track

Ein pfiffiges Würfelspiel, das die Wikinger früher gern gespielt haben!

Du brauchst
- 2 Würfel
- Stift und Papier

So wird's gemacht

Jeder Spieler schreibt die Zahlen von eins bis neun auf ein Blatt Papier. Die erwürfelten Zahlen werden dann auf dem jeweiligen Plan des Spielers durchgestrichen. Nach einem Wurf könnt ihr die Augen entweder einzeln oder zusammen werten. Bei einer Eins und Sechs könnt ihr also zum Beispiel die Zahlen Eins und Sechs oder die Sieben durchstreichen. Sobald die Zahlen Sieben bis Neun durchgestrichen sind, wird mit einem Würfel weitergespielt. Wer einen Wurf ganz oder auch teilweise nicht verwerten kann, scheidet aus. Gewonnen hat, wer am Ende die geringste Gesamtsumme an offengebliebenen Zahlen hat.

Schwindeln

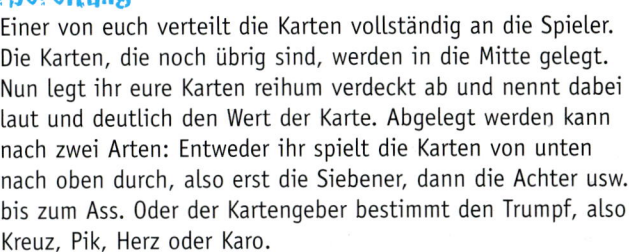

Du brauchst
- ein Kartenspiel

Vorbereitung
Einer von euch verteilt die Karten vollständig an die Spieler.
Die Karten, die noch übrig sind, werden in die Mitte gelegt.
Nun legt ihr eure Karten reihum verdeckt ab und nennt dabei
laut und deutlich den Wert der Karte. Abgelegt werden kann
nach zwei Arten: Entweder ihr spielt die Karten von unten
nach oben durch, also erst die Siebener, dann die Achter usw.
bis zum Ass. Oder der Kartengeber bestimmt den Trumpf, also
Kreuz, Pik, Herz oder Karo.

Schwindeln oder nicht?
Wenn ihr an der Reihe seid, habt ihr drei Möglichkeiten. Ihr
könnt die passende Karte legen – damit geht ihr auf Nummer
sicher. Habt ihr keine passende Karte oder wollt ihr die Karte
lieber noch für einen späteren Zeitpunkt verwahren, könnt ihr
vorsichtshalber aussetzen, oder – weil das Spiel ja nun
„Schwindeln" heißt – versuchen, eure Mitspieler hinters Licht
zu führen. Dann legt ihr einfach eine andere Karte oder heim-
lich auch mehrere Karten ab.

Schwindler entlarven
Wer glaubt, jemanden beim Schwindeln ertappt zu haben,
klopft kräftig auf den Tisch und ruft laut „Schwindler". Dann
dreht er die Karte um. Hat er recht und ist der Schwindel auf-
geflogen, muss der Schwindler alle in der Mitte liegenden Karten nehmen. Wurde jedoch die richtige Karte gelegt und der
Spieler zu Unrecht verdächtigt, bekommt der Klopfer alle Karten. Spielt ihr die Variante mit dem Trumpf, darf der Spieler,
der die Karten nehmen musste, den nächsten Trumpf bestimmen.

Ziel des Spiels
Gewonnen hat, wer als Erster alle Karten abgelegt hat. Wer als
Letzter noch Karten in der Hand hält, hat offensichtlich nicht
gut genug geschwindelt.

Pokern

Stellt euch vor, ihr befindet euch im Wilden Westen. Ihr sitzt in einem Saloon. In einem Hinterzimmer steht ein Tisch. Es wird Zeit für eine Runde Poker. Jetzt braucht ihr Nerven aus Stahl!

Du brauchst
- ein Kartenspiel mit 52 Karten
- Spielchips oder Streichhölzer

Die Wertungen

Wie bei einem normalen Kartenspiel unterscheiden sich auch beim Pokern die 52 Karten nach den Symbolen Kreuz, Pik, Herz und Karo. Alle Symbole haben den gleichen Wert (eine Kreuz 4 ist also nicht mehr wert als eine Karo 4). Die Karte mit dem höchsten Wert ist das Ass. Es kann aber auch wie eine 1 verwendet werden, um eine Straße zu bilden. Ansonsten ist die 2 die niedrigste Karte. Für jeden Spieler werden fünf Karten gewertet. Dabei spricht man jeweils vom Pokerblatt. Im Folgenden werden die Wertigkeiten – angefangen beim besten Blatt, dem Royal Flush – einzeln erklärt.

Royal Flush (königlicher Streich):
Ein Royal Flush ist unschlagbar! Er setzt sich aus 10, Bube, Dame, König und Ass vom gleichen Symbol zusammen.
Straight Flush (Straßen-Streich):
Fünf Karten von einem Symbol in einer Reihe (zum Beispiel 8, 9, 10, Bube, Dame – jeweils in Karo)
Vierling: Vier Karten mit dem gleichen Wert (zum Beispiel vier Buben oder vier Damen)
Full House: Ein Drilling und ein Pärchen
Flush: Fünf Karten mit dem gleichen Symbol in beliebiger Reihenfolge
Straight (Straße): Fünf Karten in einer Reihe – egal von welchem Symbol
Drilling: Drei Karten mit dem gleichen Wert
Doppelpaar: Jeweils zwei Karten mit dem gleichen Wert
Pärchen: Zwei Karten mit dem gleichen Wert
Haben zwei oder mehrere Spieler ein Blatt mit der gleichen Wertigkeit, entscheidet die höhere Karte.

Ein Straight Flush mit einem Ass ist zum Beispiel mehr wert als ein Straight Flush mit einer Dame als höchste Karte. Wenn ein Blatt zu keiner der oben genannten Kategorien gehört, so zählt die höchste Karte. Haben zwei Spieler die gleiche höchste Karte, so werden die nächstniedrigeren Karten miteinander verglichen. Wer davon die höchste Karte hat, gewinnt.

Vorbereitung

Vor dem Spielbeginn solltet ihr festlegen, wie viele Spielchips jeder Spieler bekommt und wie hoch der Höchsteinsatz ist. Beim Pokern gibt es ganz viele verschiedene Spielarten. Bei der einfachsten Variante bekommt jeder Spieler fünf Karten.

Wetten

Der Spieler, der links vom Geber sitzt, kann einen Betrag einsetzen. Er kann aber auch „schieben", also abwarten, ob die anderen Spieler einen Betrag setzen wollen. Ist ein Betrag gesetzt, müssen die anderen Spieler entscheiden, ob sie aus der Runde aussteigen, mitgehen (also den Betrag ebenfalls einsetzen) oder ihn sogar erhöhen wollen. Nach der ersten Wettrunde können die Spieler beliebig viele Karten austauschen. Ein Beispiel: Hast du zwei Asse sowie eine 8, 4 und 2, so empfiehlt es sich natürlich, die beiden Asse zu behalten. Für die anderen drei Karten bekommst du drei neue. Wenn alle Spieler ihre Karten ausgetauscht haben, folgt die zweite Wettrunde.

Showdown

Wenn nach dem erneuten Setzen noch Spieler im Spiel sind, kommt es zum „Showdown". Dann müssen die Spieler ihre Karten zeigen. Der Spieler mit dem besten Blatt, also mit der höchsten Wertung seiner fünf Karten, gewinnt den gesamten Einsatz. Am Ende gewinnt der Spieler, der alle Spielchips hat.

Tipp

Du kannst natürlich auch „bluffen". Du tust also, als hättest du ein sehr gutes Blatt, und setzt einen hohen Betrag. Fallen die anderen Spieler darauf rein und steigen aus der Runde aus, gehört der Einsatz dir. Doch Vorsicht: Wenn ein anderer Spieler deinen „Bluff" durchschaut hat, bist du natürlich der Dumme!

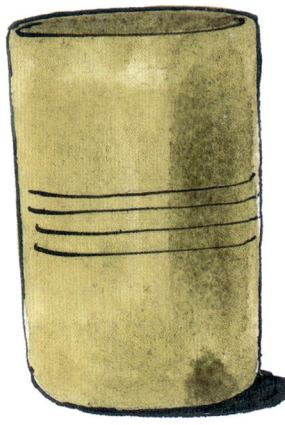

Meier

Meier

Wollt ihr mal würfeln wie die Erwachsenen? Dann ist „Meier"
genau das richtige Spiel! Wie beim Kartenspiel „Schwindeln"
müsst ihr gut flunkern können. Und passt auf, wenn euch
jemand zum Narren halten will!

Du brauchst
- einen Knobelbecher
- zwei Würfel
- Spielsteine oder Streichhölzer

Spielzug
Es wird reihum verdeckt gewürfelt. Die höhere Zahl der beiden
Würfel ist die Zehnerziffer, die niedrigere Zahl die Einerziffer.
Eine Fünf und eine Zwei ergeben zum Beispiel 52. Zwei gleiche Zahlen sind ein Pasch und im Wert höher als zwei unterschiedliche Zahlen. Eine Ausnahme bildet der „Meier". Er
besteht aus einer Eins und einer Zwei und ist der beste Wurf.

Schwindeln oder blind würfeln?
Man muss immer eine höhere Zahl würfeln als der Vordermann.
Der Clou des Spiels ist aber, dass die Würfel für eure Mitspieler
verdeckt bleiben. Nur du weißt also, was du gewürfelt hast.
Wenn du weniger gewürfelt hast als dein Vordermann, hast du
zwei Möglichkeiten. Du kannst die verdeckten Würfel weiterge-
ben und nennst dabei ein erfundenes Ergebnis. Oder du wür-
felst ein zweites Mal, gibst den Becher (ohne dir selbst das
Ergebnis anzuschauen) verdeckt weiter und nennst dabei eine
Zahl, die höher ist als die von deinem Vordermann.

Schwindel aufdecken

Dein Nachfolger kann dir nun glauben und weiterwürfeln.
Oder er deckt, wenn er glaubt, dass du gelogen hast, deine
Würfel auf. Hast du tatsächlich weniger gewürfelt als die Zahl,
die du genannt hast, bekommst du einen Minuspunkt (Streichholz). Hast du die Wahrheit gesagt, bekommt dein Mitspieler
den Minuspunkt. Deckt jemand einen Meier auf, bekommt er
zwei Minuspunkte. Glaubt ein Spieler seinem Vordermann ohne
Aufdecken, dass er einen Meier gewürfelt hat, gibt es für ihn
trotzdem einen Minuspunkt.

Gewinner

Der Verlierer eröffnet schließlich die nächste Runde. Wer zum
Beispiel zehn Minuspunkte hat, scheidet aus. Es gewinnt, wer
zum Schluss übrig bleibt.

Schach – Das Spiel der Könige

Schach – Das Spiel der Könige

Das Wort Schach kommt aus dem Persischen und heißt so viel wie Schah oder König. Daher wird Schach auch als Spiel der Könige bezeichnet. Schach ist ein Spiel, das viel Übung und Konzentration erfordert. In diesem Kapitel werden dir die Grundregeln erklärt. Probiere es mit einem Freund oder mit deinem Vater einfach mal aus. Eine Hilfe ist es, wenn du am Anfang mit jemandem spielst, der Schach schon kennt. Dann kannst du dir ein paar Ratschläge geben lassen.

Ziel des Spiels

Ziel des Spiels ist es, die als König bezeichnete Figur des Gegners auf dem Schachbrett so anzugreifen, dass dein Gegenüber keine Abwehrmöglichkeit mehr besitzt. Damit ist dein Gegner „schachmatt". Auch dieses Wort hat seinen Ursprung im Persischen und bedeutet übersetzt in etwa „Der Schah ist gestorben."

Schachbrett und Aufstellung

Gespielt wird auf einem quadratischen Feld. Dieses sogenannte Schachbrett ist in 64 abwechselnd schwarze und weiße Felder unterteilt. Das Schachbrett wird so hingelegt, dass sich jeweils unten rechts ein weißes Feld befindet. Jeder Spieler besitzt zunächst sechzehn weiße oder schwarze Figuren. Bei den Figuren handelt es sich um acht Bauern, je zwei Türme, Springer und Läufer sowie um eine Dame und den König. Die Figuren haben zu Beginn immer einen festen Platz auf dem Brett. Für die erste Reihe gilt: Die Türme stehen außen, daneben die Springer und Läufer. In der Mitte befinden sich Dame und König. Merk dir: Die weiße Dame steht auf dem weißen Feld, die schwarze Dame auf dem schwarzen. In der zweiten Reihe werden die acht Bauern platziert.

Die Grundregeln

Der Spieler mit den weißen Figuren macht den ersten Zug. Die Figuren dürfen nur nach bestimmten Regeln gezogen werden. Figuren dürfen grundsätzlich nicht übersprungen werden. Dabei gibt es zwei Ausnahmen: Den Springer und die Rochade (beides wird später noch genauer erklärt). Ansonsten darf eine Figur entweder so weit gezogen werden, bis sie von einer eigenen Figur in ihrer Bewegung gestoppt wird, oder bis zu dem Feld, auf dem eine gegnerische Figur steht. Diese wird dann geschlagen. Das heißt, der Gegner muss seine Figur vom Schachbrett nehmen. Sie scheidet damit aus dem Spiel aus.

Die Figuren

Der König: Der König ist die wichtigste Figur. Ziel ist es ja, den König des Gegners matt zu setzen und seinen eigenen zu schützen. Wird ein König von einer gegnerischen Figur bedroht (könnte er also im nächsten Zug geschlagen werden), steht er im Schach. Das darf nicht ignoriert werden. Der Spieler muss also entweder die angreifende Figur schlagen, eine seiner Figuren zwischen den König und die gegnerische Figur ziehen (das geht nicht mit einem Springer) oder den König aus dem Schach bewegen. Ansonsten ist er schachmatt und hat das Spiel verloren.

Der König ist zwar die wichtigste Figur, aber nicht gerade sehr beweglich. Er kann zwar in jede Richtung ziehen, aber jeweils nur um ein Feld. Dein König und der deines Gegners dürfen nie direkt nebeneinanderstehen. Bei einem einzigen Zug kann der König zwei Felder ziehen. Das ist die Rochade. Dabei zieht der König zwei Felder nach links oder rechts. Der jeweilige Turm springt über den König auf das nächste Feld. Die Rochade ist nur erlaubt, wenn König und Turm noch nicht bewegt wurden und die Felder zwischen ihnen frei sind. Außerdem darf der König nicht über ein vom Schach bedrohtes Feld ziehen. Die Rochade darf auch nicht ausgeführt werden, wenn der König im Schach ist. Ist das Spiel noch nicht weit fortgeschritten, ist die Rochade sehr sinnvoll. Damit kannst du deinen König am Rand des Schachbrettes ein wenig in Sicherheit bringen.

Die Dame: Sie ist die stärkste Figur beim Schach! Die Dame darf in jede Richtung (also zu beiden Seiten, nach vorn und nach hinten und diagonal) ziehen – und zwar beliebig viele Felder. Sie darf allerdings keine Figuren überspringen.

Die Türme: Sie sind die zweitstärksten Figuren. Ein Turm darf nach vorn, nach hinten und zu den Seiten beliebig weit ziehen. Auch für ihn gilt aber: Das Überspringen anderer Figuren ist verboten!

Die Läufer: Die Läufer ziehen immer schräg, also diagonal. Auch sie können beliebig weit über das Brett gesetzt werden (ohne Figuren zu überspringen). Der Läufer bewegt sich entweder nur auf schwarzen oder auf weißen Feldern.

Die Springer: Sie haben den Vorteil, dass sie über andere Figuren hinüberspringen können. Ein Springer bewegt sich folgendermaßen, bis er auf seinem nächsten Feld ankommt: Zwei Felder vor, zurück oder zur Seite und dann ein Feld (aus seiner Zugrichtung gesehen) nach links oder rechts.

Die Bauern: Jeder Spieler hat zu Beginn acht Bauern, die zunächst eine Reihe vor den anderen eigenen Figuren bilden. Wegen seiner begrenzten Zug- und Schlagmöglichkeiten gilt der Bauer als schwächste Figur. Denn im Unterschied zu den anderen Figuren kann sich ein Bauer nicht rückwärts bewegen. In der Ausgangsstellung kann sich ein Bauer wahlweise einen Schritt oder zwei Felder nach vorn bewegen. Befindet er sich nicht mehr in der Ausgangsstellung, kann er nur noch ein Feld nach vorn ziehen. Eine Ausnahme macht der Bauer beim Schlagen. Dann zieht er ein Feld diagonal nach vorn. Er ist damit die einzige Figur, die in eine andere Richtung als die Zugrichtung schlägt. In der Endphase des Spiels kann ein Bauer eine ganz wichtige Bedeutung bekommen. Wenn er nämlich die letzte Reihe des Schachbrettes erreicht, kannst du ihn in eine stärkere Figur – zum Beispiel in eine Dame – umwandeln. Der Bauer wird aus dem Spiel genommen, und auf sein Feld wird die neue Figur gesetzt. Die Umwandlung ist nicht davon abhängig, ob die ausgewählte Figur im Laufe des Spiels geschlagen wurde. Durch Umwandlung kann ein Spieler also eine zusätzliche Dame erhalten.

Spielende

Der Spieler, der seinen Gegner schachmatt setzt, hat gewonnen. Besteht für beide Spieler keine Möglichkeit mehr, den Gegner schachmatt zu setzen, dann endet das Spiel remis, also unentschieden. Beide Spieler können sich jederzeit freiwillig auf ein Remis einigen. Unentschieden geht das Spiel auch aus, wenn ein Spieler keinen Zug mehr ausführen kann, sich dabei aber nicht im Schach befindet. Dann spricht man von einem Patt.

Rekord

Schach ist ein Spiel, das Geduld erfordert. Du brauchst ein bisschen Ausdauer, um es zu lernen. Und du brauchst die nötige Ruhe, um es zu spielen. Zwar kann eine Partie theoretisch schon nach dem zweiten Zug eines Spielers beendet sein (dann spricht man von „Narrenmatt"), doch in der Regel dauert ein Spiel schon eine gewisse Zeit. Den Rekord für die meisten Züge in einem Schachspiel halten übrigens Goran Arsovic und Ivan Nikolic. Die beiden Schachmeister trafen am 17. Februar 1989 aufeinander und trennten sich nach 20 Stunden und 15 Minuten – mit einem Unentschieden. Dabei machten beide Spieler 269 Züge.

Papierflieger

Mit wenig Aufwand kannst du dir deine eigene Flugzeugflotte aus Papier bauen. Gleitflug oder sogar Looping? Kein Problem!

Du brauchst

- lediglich jeweils ein Blatt (am besten DIN-A4-Papier) pro Flieger
- einen Stift (beim Kunstflieger) zum Markieren von Hilfslinien

Hier bekommst du eine Anleitung für zwei unterschiedliche Modelle. Ein Tipp vorab: Du kannst deine Flieger natürlich auch anmalen. Zum Beispiel kannst du sie wie eine Biene oder wie einen schnittigen Düsenjäger aussehen lassen. Einfacher ist es, das Papier zu bemalen, bevor du mit dem Basteln beginnst. Und noch ein Ratschlag: Damit die Papierflieger gut fliegen und auch möglichst lange halten, solltest du die entstehenden Faltkanten mit den Fingern immer noch mal richtig glatt streichen.

1

2

Der Superpfeil

Der Superpfeil trägt seinen Namen zu Recht. Er ist ein pfeil-schneller Flieger.

1. Falte dein Blatt der Länge nach, sodass ein sogenannter Mittelbruch entsteht. Der Mittelbruch ist die Kante, die du nach dem Falten in der Mitte des Blattes siehst. Klappe das Blatt danach wieder auf.
2. Lege jeweils die zwei oberen Ecken des Blattes zum Mittelbruch um.
3. Falte auch die neu entstandenen äußeren Ecken zum Mittelbruch um.
4. Nun legst du ein letztes Mal die äußeren Bruchkanten zum Mittelbruch um.
5. Dreh das Papiermodell um und knicke die unteren Teile nach oben.
6. Zum Abschluss biegst du die Flügel nach oben. Schon ist der Superpfeil fertig!

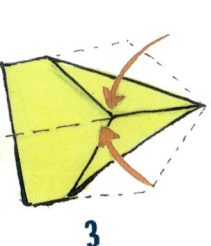

3

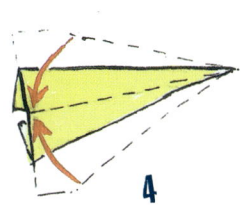

4

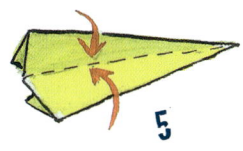

5

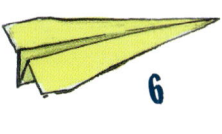

6

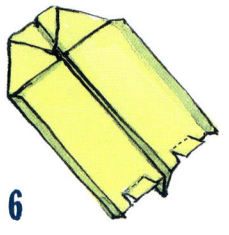

6

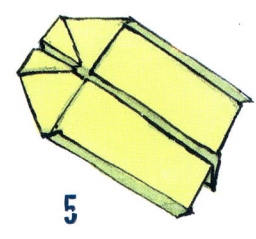

5

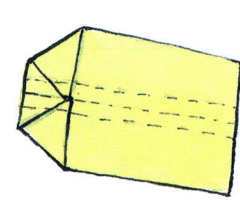

4

Der Kunstflieger

Der Kunstflieger

Der Kunstflieger kann – wie der Name schon sagt – richtige Kunststücke vorführen. Mit etwas Übung beim Basteln und beim Abwurf kannst du ihn sogar dazu bringen, dass er einen Looping macht.

1. Falte dein Blatt der Länge nach zu einem Mittelbruch und klappe es anschließend wieder auf.
2. Lege jeweils die zwei oberen Ecken des Blattes zum Mittelbruch um.
3. Falte die Nase nach hinten, sodass die Spitze die beiden nach innen geknickten Ecken berührt.
4. Nun benötigst du Hilfslinien. Drehe das Blatt um und zeichne mit einem Stift jeweils eine Markierung im Abstand von etwa einem Zentimeter zum Mittelbruch. Danach knickst du das Blatt jeweils an den Hilfslinien nach innen.

1

2

3

5. Drehe dein Modell wieder um. Jetzt knickst du die Trag-
   flächen an den Flügeln in einer Breite von etwa einem Zentimeter nach oben.
6. Zum Schluss bringst du noch ein paar Bremsklappen an.
   Dazu reißt du am hinteren Ende der Flügel das Papier
   jeweils an zwei Stellen im Abstand von einem Zentimeter
   leicht ein und faltest es nach oben.

Tipp

Du kannst die Flugkurve deines Kunstfliegers mit zwei Tricks
verändern. Ausschlaggebend für den Flug ist, ob du den Flieger nach unten, gerade oder nach oben abwirfst. Außerdem
kannst du die Bremsklappen verstellen. Probier es einfach aus.
Übung macht ja bekanntlich den Meister.

75

Flugdrachen

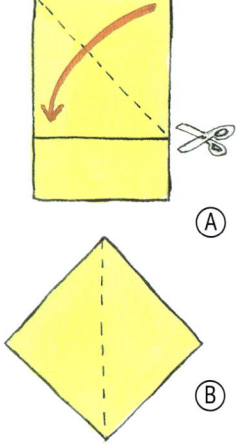

(A)

In Märchen und Geschichten tauchten Feuer speiende Drachen als furchterregende Ungeheuer auf. In China haben die Menschen Drachen allerdings früher als Götter verehrt. Darum wurden bei Festen den Göttern zu Ehren Flugdrachen steigen gelassen.

Einen Flugdrachen, den du an einer Schnur in die Luft steigen lässt, kannst du schon mit einfachen Mitteln selbst bauen.

Du brauchst

- 1 Blatt Papier (DIN A4)
- Nähgarn
- buntes Krepppapier
- Schere
- Tesafilm
- Nagelschere

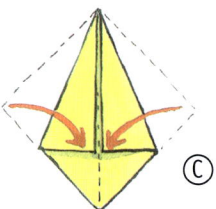

(B)

So wird's gemacht

1. Lege das Blatt Papier vor dich auf den Tisch und falte, wie auf Bild (A), die linke obere Ecke nach unten. Den unteren Rest schneidest du nun ab, sodass nur noch ein Dreieck vor dir liegt.
2. Klappe das Dreieck auf und drehe das nun entstandene Quadrat so vor dich hin, dass eine Spitze nach oben und eine nach unten zeigt. (B)
3. Falte nun die beiden seitlichen Spitzen zur Mittellinie. (C)
4. Die beiden mittleren Ecken knickst du nun zur Außenkante um. (D)
5. Nun faltest du die rechte Seite über die Mittellinie nach links, sodass beide Seiten übereinanderliegen. (E)
6. Schneide die obere und die untere Spitze mit der Schere ab. (F)
7. Falte nun das gesamte Papier auseinander und verstärke die markierten Stellen, an denen später die Schnüre befestigt werden, mit einer Lage Tesafilm.
8. Mit einer spitzen Nagelschere bohrst du dort nun an den auf dem Bild (G) mit Pfeilen markierten Stellen Löcher hinein. Lass dir dabei besser von einem Erwachsenen helfen!
9. Fädele durch die oberen beiden Löcher etwas Garn und verknote beide Fäden fest miteinander.

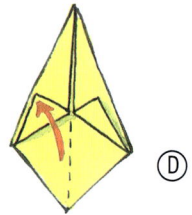

(C)

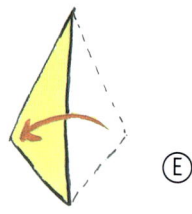

(D)

(E)

10. Schneide ein langes Band aus buntem Krepppapier zurecht. Das wird der Schwanz für deinen Drachen. Ein Ende des Krepppapierstreifens verstärkst du wieder mit Tesafilm und bohrst ein Loch hinein.
11. Binde den Drachenschwanz mit zwei kleinen Fäden an.
12. Achte beim Steigenlassen darauf, dass der Mittelknick unten und die gefalteten Flügel oben sind. Der Drachen sollte aussehen wie auf dem Bild Ⓗ.

Viel Spaß!

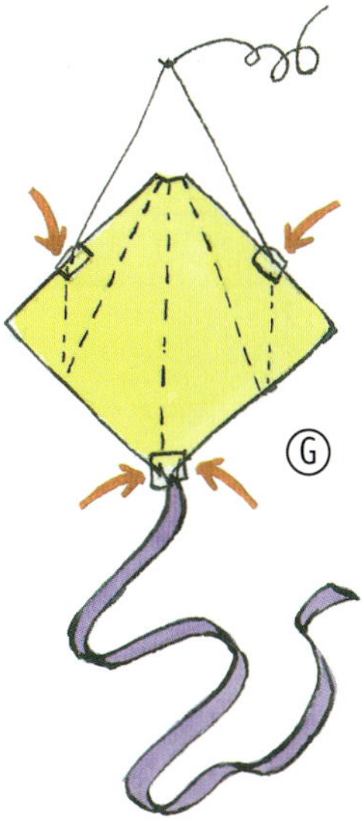

Tipp

Du kannst deinen Drachen auch mit Bunt- oder Filzstiften noch schön bunt anmalen!

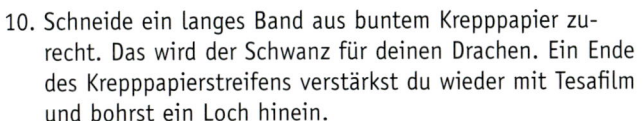

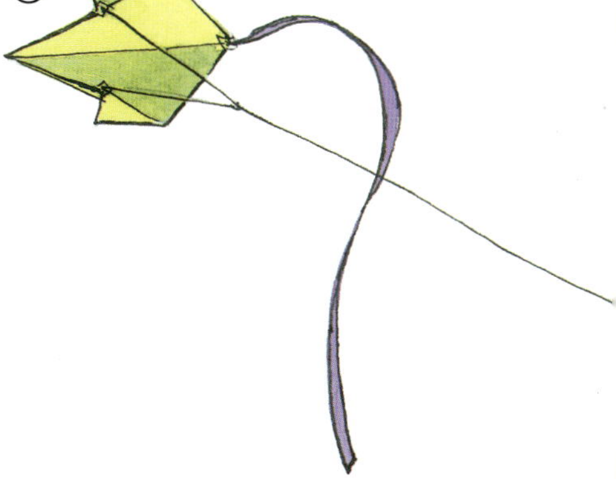

Flaschenpost

Wenn du einmal Urlaub mit deinen Eltern am Meer verbringst, solltest du unbedingt eine Flaschenpost abschicken. Wo deine Flaschenpost wohl hintreibt und gefunden wird?

Du brauchst
- eine Flasche (mit Schraubverschluss)
- ein Blatt Papier
- einen Stift
- am besten etwas Klebeband

So wird's gemacht
Schreibe deinen Namen, deine Adresse und das aktuelle Datum auf ein Blatt Papier. Dann notierst du auf dem Blatt: „Bitte schreibe mir, wo und wann du diese Flasche gefunden hast." Das Papier rollst du zusammen und steckst es in eine Flasche mit Schraubverschluss. Schraube den Verschluss zu. Wenn du etwas Klebeband hast, kannst du den Verschluss damit umwickeln. So gehst du auf Nummer sicher, dass kein Wasser in die Flasche dringt. Nun gehst du zum Ufer und schleuderst die Flasche weit ins Meer.

Bitte schreibe mir, wo und wann du ... Flasche gefun... hast.

Tipp

Es ist hilfreich, wenn du deine Nachricht in verschiedenen Sprachen aufschreibst. Vielleicht können dir deine Eltern ja dabei helfen, den Satz zum Beispiel in Englisch oder Französisch zu formulieren. Außerdem kannst du deinen Vater oder deine Mutter fragen, ob sie nicht ein Stück mit dir ins Meer hinausschwimmen können. Dann kannst du deine Flaschenpost von dort auf die Reise schicken und die Gefahr ist geringer, dass sie schon irgendwo am Strand oder in der Bucht hängen bleibt. Am besten ist es natürlich, seine Flaschenpost von einem Boot aus ins Meer zu werfen.

Hörspiel

Hörspiel

Hier bekommst du ein paar Tipps, wie du – entweder allein oder mit ein paar Freunden – dein eigenes Hörspiel aufnehmen kannst.

Du brauchst

- einen Kassettenrekorder
- ein Mikrofon
- Papier und Stift

So wird's gemacht

Bevor du mit dem Aufnehmen beginnst, benötigst du einen Plan. Bei einem Film würde man von einem Drehbuch sprechen. In diesem Plan solltest du dir einige wichtige Dinge aufschreiben.

Die Handlung: Überlege dir zunächst, ob du dir eine eigene Geschichte ausdenken oder zum Beispiel eine Geschichte aus einem Buch als Idee benutzen möchtest.

Personen oder Tiere: Überlege dir, welche Personen oder Tiere in deiner Geschichte vorkommen und ob es zum Beispiel auch einen Erzähler gibt, der die Geschichte vorträgt. Du und deine Freunde, ihr könnt nun in die Rolle der Personen, der Tiere und des Erzählers schlüpfen. Du kannst aber natürlich auch alles selbst übernehmen und – je nach Person, Tier oder Erzähler – deine Stimme verstellen.

Gespräche: Denke dir ein paar Gespräche zwischen den einzelnen Personen oder Tieren aus. Es ist hilfreich, diese Gespräche vorher in deinem Plan aufzuschreiben. Du kannst auch ein paar Lieder einstudieren, um für zusätzlichen Spaß zu sorgen.

Geräusche: Mit ein paar einfachen Kniffen kannst du dein Hörbuch aufpeppen. Du kannst unter anderem Geräusche nachmachen. Denk zum Beispiel an das „Törö-törö" bei Benjamin Blümchen.

Regenprasseln: Wenn du Reis oder Erbsen auf ein Blech, Papier oder auf eine Folie rieseln lässt, hört sich das an, als ob es regnet.

Wind und Sturm: Du kannst den Mund spitzen, als ob du pfeifen würdest, und dabei gegen ein Stück Papier blasen.

Ein Vogel: Wenn du mit Lederhandschuhen rasch hin und her wedelst, hört sich das an wie der Flügelschlag eines Vogels.

Feuerknistern: Nimm ein Stück Folie oder Papier und knülle es zusammen. Das hört sich an, als ob ein Lagerfeuer knistert.

Schritte im Schnee: Wenn du ein Stoffsäckchen mit Mehl füllst und es rhythmisch zusammendrückst, hört es sich an, als ob jemand im Schnee spazieren geht oder läuft.

Dir fallen bestimmt noch mehr Tricks ein. Die Geräusche kannst du nun prima in dein Hörspiel mit einbinden. Ist das Hörspiel fertig, kannst du deine Freunde oder Eltern zu einer richtigen Vorführung einladen.

Rat fürs Rad

Rat fürs Rad

Flitzt du gerne mit deinem Fahrrad durch die Gegend? Hier bekommst du einige Tipps, damit du auch möglichst lange etwas von deinem Fahrrad hast.

Pflege und Wartung

Damit auch dein Fahrrad gut in Schwung ist und möglichst lange bleibt, solltest du es regelmäßig mit einem Schwamm und warmem Wasser mit Spülmittel putzen. Vergiss nicht die Lampen und Reflektoren, damit du im Dunkeln immer gut zu sehen bist. Bei engen Stellen kannst du mit einer schmalen Bürste nachhelfen. Trockne dein Rad nach der Reinigung gut ab. Das ist wichtig, damit es nicht rostet. Die Kette kannst du am besten mit einer alten Zahnbürste oder einem Pinsel vom Dreck befreien. Danach schmierst du sie mit einem speziellen Kettenfett aus dem Fahrradladen neu ein, damit sie geschmeidig bleibt und sich nicht verhakt.

Du solltest dein Rad nicht nur sauber halten, sondern auch regelmäßig darauf achten, dass alle Teile heil sind und richtig funktionieren. An deinem Rad solltest du Folgendes überprüfen:

- Ist genügend Luft in den Reifen?
- Sind die Reifen in Ordnung? Sie dürfen keine Risse haben. Sonst stehst du bald mit einem „Plattfuß" da.
- Funktionieren Bremsen, Klingel und Beleuchtung?
- Sind noch alle Reflektoren vorhanden? Ist einer der Reflektoren zerbrochen oder lose, solltest du einen neuen anbringen.
- Sind Luftpumpe und Flickzeug an Ort und Stelle?
- Sind noch alle Schrauben fest angezogen?

Tipp

Überprüfe in regelmäßigen Abständen, ob der Sattel noch hoch genug ist. Denn du wächst ja schließlich! Entsprechend musst du den Sattel verstellen. Dazu musst du nur die Schraube an der Sattelstange etwas lösen und den Sattel nach oben ziehen. Der Sattel ist in der richtigen Höhe, wenn du in der Sitzhaltung auf deinem Rad noch mit den Fußspitzen bequem den Boden berührst. Vergiss nicht, danach die Schraube an der Sattelstange wieder festzuziehen!

83

Plattfuß

Die häufigste Ursache ist ein „Platten".

Für den Fall einer Reifen-
panne solltest du immer
Flickzeug dabeihaben:
- spezielle Reifenheber
- Schmirgelpapier
- Spezialkleber
- ein paar Flicken

1. Drehe dein Rad um und stelle es auf Lenker und Sattel.
2. Überprüfe zunächst, ob das Ventil locker ist oder Luft verliert. Wenn das Ventil kaputt ist, besorgst du dir im Fahrradladen ein neues. Ist es heil, kannst du den Schlauch
   selbst reparieren.
3. Untersuche die Reifendecke nach spitzen Gegenständen und
   entferne sie.
4. Schraube das Ventil ab, damit die restliche Luft aus dem
   Reifen entweichen kann. Dann ziehst du die Reifendecke
   mithilfe der Reifenheber von der Felge ab, damit du den
   Schlauch herausnehmen kannst.
5. Schraube das Ventil wieder fest und pumpe den Schlauch
   mit der Luftpumpe kräftig auf. Versuch herauszufinden, wo
   das Loch ist. Dazu kannst du den Schlauch langsam an deinem Gesicht vorbeiführen. Dort, wo das Loch ist, wird dich
   ein leichter Luftzug kitzeln. Oder du legst den Schlauch in
   eine Schüssel mit Wasser. Dort, wo das Loch ist, bilden sich
   kleine Luftbläschen.
6. Markiere die Stelle mit dem Loch mit einem Kugelschreiber.
   Lass die restliche Luft aus dem Schlauch. Dann raust du die
   Stelle rund um das Loch mit dem Schmirgelpapier auf.
7. Trage den Spezialkleber auf die aufgeraute Stelle auf.
8. Entferne die Folie vom Flicken und drücke ihn kräftig auf
   den Kleber.
9. Pumpe den Schlauch leicht auf. Wenn keine Luft mehr ent-
   weicht, kannst du den Schlauch wieder auf die Felge ziehen. Dann hebst du mithilfe der Reifenheber die Reifendecke wieder über den Schlauch. Zum Schluss pumpst du
   den Schlauch wieder richtig auf. Jetzt kannst du wieder
   fahren.

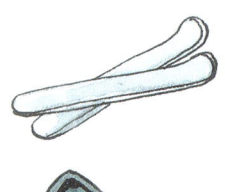

Probleme mit dem Licht

Im Dunkeln ohne Licht zu fahren ist sehr gefährlich. Du selbst kannst nur schlecht sehen und wirst auch schlecht von den anderen Teilnehmern im Straßenverkehr gesehen. Wenn das Licht an deinem Fahrrad nicht funktioniert, helfen vielleicht schon ein paar kleine Tricks.

1. Wenn die Glühbirne etwas wackelt, schraube sie wieder richtig fest. Immer noch kein Licht?
2. Drehe die Glühbirne heraus und schüttele sie leicht. Wenn es raschelt, ist der Draht im Innern der Glühbirne durchgeschmort. Dann musst du dir eine neue Glühbirne kaufen. Achte darauf, dass du eine Glühbirne mit der richtigen Wattzahl kaufst. Die Scheinwerfer vorn am Rad brauchen meistens Glühbirnen mit 2,4 Watt, die Rücklichter 0,6-Watt-Lämpchen.
3. Wenn das Licht noch immer nicht funktioniert, kann es auch am Dynamo liegen. Prüfe nach, ob er sauber und so befestigt ist, dass er gut auf der Reifendecke läuft. Wenn das Rädchen des Dynamos zum Beispiel im Regen durchdreht, hilft eine neue Gummikappe aus dem Fahrradladen.
4. Eine weitere Möglichkeit ist, dass ein Kabel defekt ist. Schau nach, ob die Kabel fest sitzen. Vielleicht ist auch ein Kabel nicht mehr richtig isoliert. Dann kannst du mit etwas Isolierband selbst nachhelfen.

Auf Nummer sicher

Damit dein Fahrrad nicht einfach gestohlen wird, kettest du sowohl den Rahmen als auch die Räder mit einem Fahrradschloss an einen unbeweglichen Gegenstand. Dann kann niemand dein Rad wegtragen und auch nicht die einzelnen Räder klauen.

Noch mehr Sicherheit gibt ein eigener Fahrrad-Code. Du kannst dir den Rahmen deines Rades von der Polizei oder deinem Fahrradhändler mit diesem Code markieren lassen. Dazu werden dein Name und deine Adresse in eine Reihe von Ziffern und Buchstaben verwandelt (wie bei einer Geheimschrift).

Geheimer Briefkasten

Geheimer Briefkasten

Um euch unbemerkt Nachrichten zu übermitteln, könnt ihr wie echte Spione einen geheimen Briefkasten benutzen. Macht ein Versteck aus, in dem ihr dann eure Briefe hinterlegt. Als Briefkasten kann ein Astloch dienen oder ein Zwischenraum in einer Mauer, wenn man einen losen Stein zur Seite schiebt. Euch fallen bestimmt noch ganz viele andere Möglichkeiten ein!

Unsichtbare Tinte

Unsichtbare Tinte

Du brauchst

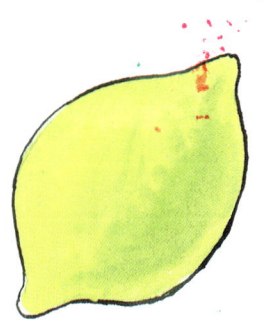

- frisch gepressten Zitronensaft (es geht auch mit Apfelsinen- oder Zwiebelsaft)
- einen dünnen Pinsel
- Papier

So wird's gemacht

Schreibe auf einfachem, weichem Papier, damit die „Tinte" gut einziehen kann. Benutze dazu am besten einen dünnen Pinsel. Denn Schreibfedern wie bei einem Füllfederhalter hinterlassen auf dem Papier Kratzer. Wenn jemand das Papier schräg hält, könnte er die Spuren entdecken.

Um die Geheimschrift wieder sichtbar zu machen, wird das Papier vorsichtig über einer heißen Glühlampe erwärmt. Dabei färbt sich die „Tinte" braun, und die geheime Botschaft kann gelesen werden.

Tipp

Echte Spione schreiben mit ihrer unsichtbaren Tinte nicht auf ganz leere Blätter. Ein leeres Blatt, das weitergegeben wird, würde Verdacht erwecken! Deshalb solltet ihr die geheime Botschaft zwischen den Zeilen oder auf der Rückseite eines harmlos aussehenden Briefes schreiben.

Zeichensprache

Zeichensprache

Taube oder Stumme, also Menschen, die nicht hören oder sprechen können, verständigen sich mit Zeichen. Zeichensprache kannst du auch mit deinen Freunden benutzen, wenn ihr vermeiden wollt, dass jemand eure „Unterhaltung" mitbekommt.

Bei einer Form der Zeichensprache gibt es für jeden Buchstaben im Alphabet ein Zeichen, das du mit deinen Händen machst.

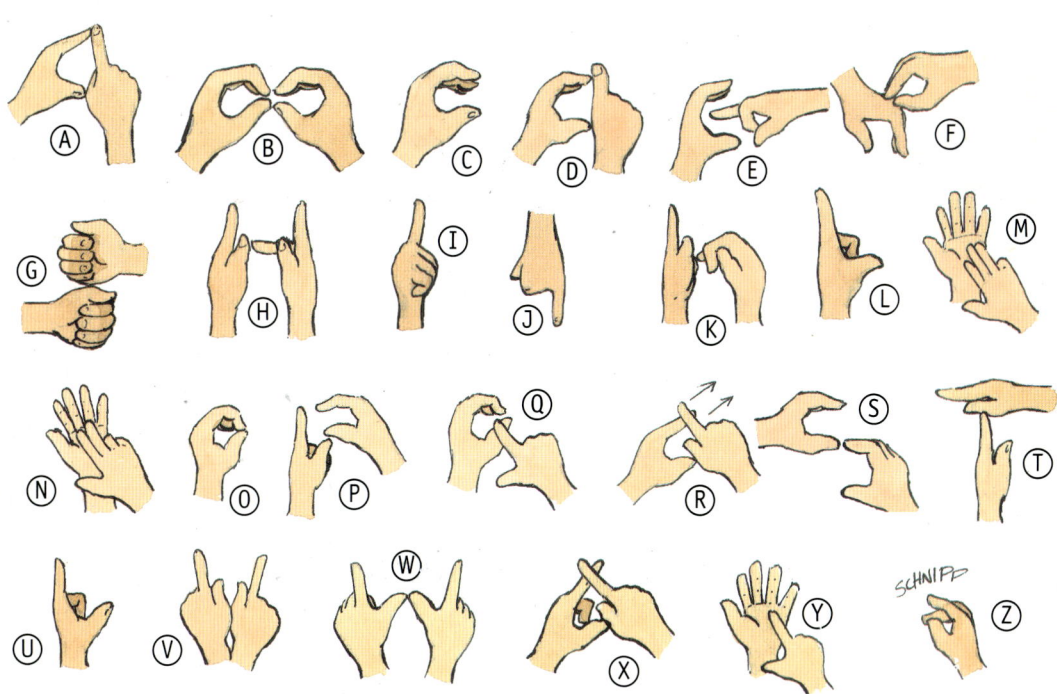

Die Grundausrü stung

Die Grundausrü stung

Bei einem Ausflug ins Freie dürfen einige Sachen nicht fehlen.

1. Passende Kleidung: Dazu gehören auf jeden Fall feste Schuhe, damit du nicht umknickst oder ausrutschst. Und eine Regenjacke. Auch wenn beim Aufbruch gerade die Sonne scheint, kannst du immer von einem Schauer überrascht werden. Die Regenjacke schützt dich vor Wind und Regen!

2. Proviant: Denk vor allem daran, etwas zu trinken mitzunehmen. Eine Wanderung oder Toben im Freien machen schnell durstig! Und etwas Verpflegung wie Müsliriegel, Obst oder auch ein paar Kekse gibt neue Kraft! Wenn ihr euch in Gegenden bewegt, in denen ihr euch nicht auskennt, solltet ihr eine Karte und einen Kompass dabeihaben!

3. Bei einem Trip in der Dämmerung oder im Dunkeln solltet ihr auf jeden Fall eine Taschenlampe im Gepäck haben.

4. Ein Handy für Notfälle.

5. Ein paar Pflaster.

6. Ein Kärtchen mit deinem Namen, deiner Adresse und deiner Telefonnummer sowie Telefonnummern von deinen Eltern, Freunden, Verwandten oder Nachbarn.

TOBIAS DREYER
TEL. 007 00631
TEL. 007 00778
SCHLUPFGASSE 18
20012 GOBELBERG

Abenteuer in Sicht!

Wetterwarnung
Wetterwarnung

Bevor ihr zu einer Wanderung aufbrecht, solltet ihr auf jeden Fall den Wetterbericht hören. Selbst wenn ihr bei schönstem Sonnenschein loslauft, ist das keine Garantie für gutes Wetter. Und Regen, Kälte oder sogar Gewitter können äußerst unangenehm oder im schlimmsten Fall sehr gefährlich sein.

Ein gutes Warnsystem vor schlechtem Wetter sind die Zapfen von Tannen, Fichten und Kiefern. Sobald sich Regen ankündigt, schließen sich die Zapfen, damit die Samen im Innern trocken bleiben. Du kannst das ausprobieren, indem du einen Zapfen in ein Glas mit Wasser legst. Dann kannst du beobachten, wie sich die Zapfen allmählich schließen.

Indianerzelt
Indianerzelt

Indianer können sehr schnell ihre Zelte aufschlagen – unter anderem als Schutz vor schlechtem Wetter. Auch du kannst ein sogenanntes Tipi oder einen Wigwam ohne großen Aufwand aufbauen. Dazu benötigst du sechs möglichst gerade Äste und eine ausreichend große Plane. Binde drei Stangen mit einer dicken Schnur an einem Ende fest zusammen. Dann stellst du die Stangen so auf, dass das zusammengebundene Ende nach oben zeigt. Nun lehnst du die restlichen drei Stangen in gleichmäßigem Abstand zueinander an und bindest sie ebenfalls oben zusammen. Zum Schluss legst du die Plane über die Stangen und befestigst sie oben mit einer Schnur. Damit es im Zelt schön trocken ist, kannst du auch noch im Innern eine Plane auf den Boden legen.

MÜSLI

Orientierung

Damit du dich mit deinen Freunden nicht verirrst, solltet ihr euch vor einem Ausflug eine Karte von der Umgebung besorgen. Entsprechende Karten gibt es in Buchhandlungen zu kaufen. Häufig liegen in den Rathäusern der entsprechenden Stadt aber auch kostenlos Karten aus.

Worauf musst du bei einer Karte achten?

Der Maßstab: Unter dem Maßstab einer Karte versteht man das Verhältnis zwischen einer Strecke auf der Karte und der tatsächlichen Länge dieser Strecke in der Natur. Bei einem Maßstab von 1:50.000 (das ist der am häufigsten verwendete Maßstab bei Wanderkarten) ist die Entfernung von einem Zentimeter auf der Karte gleichbedeutend mit 500 Metern in der Natur. Du solltest Karten mit einem großen Maßstab auswählen, weil diese Karten mehr Einzelheiten enthalten.

Himmelsrichtungen: Wenn du die Karte so hältst, dass du die Schrift richtig lesen kannst, dann ist oben auf der Karte immer Norden. Unten ist Süden. Rechts ist Osten und links Westen.

Die Legende: Sie befindet sich meistens am unteren Rand einer Karte und erklärt die unterschiedlichen Zeichen, die in der Karte verwendet werden. In der Legende wird auch erklärt, welche Bedeutung die verschiedenen Farben der eingezeichneten Wege haben.

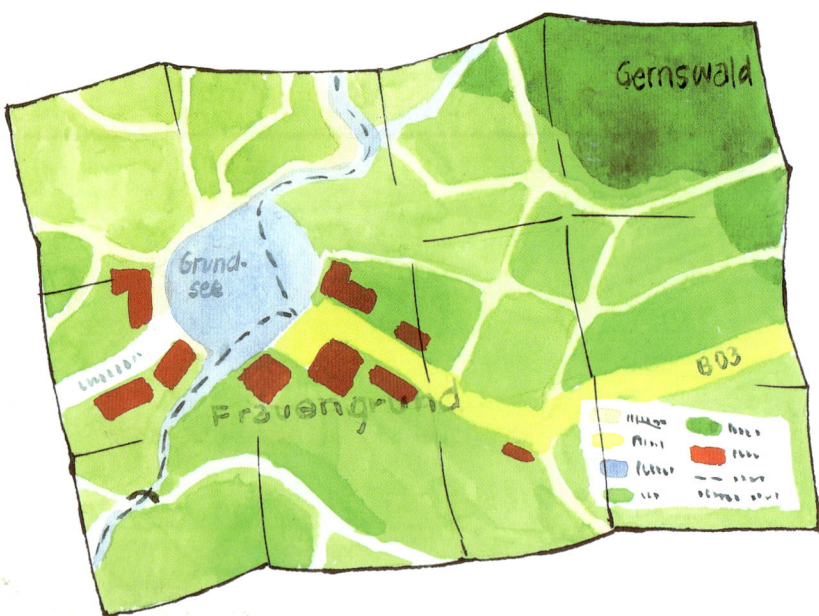

Der Kompass: Der Kompass ist das beste Hilfsmittel, um zu erkennen, wohin ihr gehen müsst. Die Kompassnadel zeigt immer nach Norden. Dies geschieht durch das Magnetfeld der Erde. Die Nadel richtet sich immer zum magnetischen Nordpol aus.

Die Uhr als Kompass: Solltet ihr mal keinen Kompass dabeihaben oder sollte er nicht funktionieren, dann könnt ihr eine Uhr mit einem Ziffernblatt als Hilfe benutzen. Das ist gar nicht so schwierig – allerdings muss dazu die Sonne scheinen: Halte die Uhr waagerecht so vor dich, dass der kleine Zeiger auf die Sonne gerichtet ist. Wenn du dir nun genau in der Mitte zwischen kleinem Zeiger und der 12 auf dem Ziffernblatt einen dritten Zeiger vorstellst, so würde der exakt nach Süden zeigen.

Weitere Lotsen: Auch ohne Kompass und Uhr gibt dir die Natur viele Hinweise auf die Himmelsrichtungen. Weil der Wind zumeist von Nordwesten weht, sind einzelne frei stehende Bäume Richtung Südosten geneigt. Sie zeigen also wie Finger nach Südosten. Außerdem sind die Äste allein stehender Bäume im Nordwesten meistens kürzer als auf der windgeschützten Südostseite. Und: Die grüne, mit Moos bewachsene Seite von Stämmen ist auf der Nordwestseite der Bäume zu finden.

Wichtige Küchenregeln

1. Wasche dir vorher gründlich die Hände. Auch Obst und Gemüse solltest du waschen.
2. Sei vorsichtig, wenn du ein scharfes Messer benutzt.
3. Verwende Ofenhandschuhe, wenn du heiße Töpfe oder Pfannen anfasst, damit du dich nicht verbrennst. Wenn du am Herd stehst, drehe die Griffe der Töpfe und Pfannen immer zur Seite, damit du sie nicht aus Versehen umstößt. Wenn du etwas umrührst, das auf dem Herd steht, halte die Pfanne oder den Topf immer gut am Griff fest.
4. Behalte Herd oder Ofen immer im Blick, damit dein Essen nicht anbrennt.
5. Achte darauf, dass ein Erwachsener in der Nähe ist. Wenn du Fragen hast, können dir deine Mutter oder dein Vater bestimmt helfen!

Piratenspieße

Piratenspieße

Mit diesen Spießen stichst du jeden Chefkoch aus!

Du brauchst

- 4 Hähnchenbrustfilets
- 1 rote Paprikaschote
- 1 gelbe Paprikaschote
- 1 Zucchini
- 12 Champignons
- 4 Schaschlikspieße
- etwas Öl, Salz und Pfeffer

So wird's gemacht

Das Hähnchenfleisch schneidest du in gleich große Würfel. Dann wäschst du die Paprika, Zucchini und Champignons. Halbiere die Paprika und entferne den Stiel. Die Kerne und die weißen Innenhäute kratzt du mit dem Messer heraus. Bei der Zucchini schneidest du die beiden Enden ab. Bei den Champignons entfernst du die Enden von den Stielen. Auch die Paprika, Zucchini und Champignons schneidest du in kleine Würfel. Nun kannst du die Würfel und das Gemüse nach Lust und Laune auf die Schaschlikspieße stecken und vorsichtig salzen und pfeffern.

In einer Pfanne erhitzt du auf mittlerer Stufe etwas Öl. Dann legst du die Spieße hinein. Lass sie jeweils von beiden Seiten drei Minuten braten. Schon sind die Spieße fertig. Guten Appetit!

93

Toast Hawaii

Toast Hawaii

Du brauchst

- 2 Scheiben Toast
- 2 Scheiben gekochten Schinken
- 2 Scheiben Käse
- 2 Scheiben Ananas aus der Dose
- Butter oder Mayonnaise

So wird's gemacht

Heize den Backofen auf 180 Grad vor. Toaste die Scheiben und bestreiche sie mit Butter oder Mayonnaise. Nun belegst du die Toastscheiben mit dem gekochten Schinken, der Ananas und dem Käse. Lege die Toasts auf ein Backblech und schiebe das Blech in den Ofen. Nach etwa acht Minuten ist der Käse zerlaufen und dein Toast Hawai ist fertig.

Fliegenpilze

Fliegenpilze

Diese Fliegenpilze sehen nicht nur lecker aus, sondern sind auch garantiert ungiftig!

Du brauchst

- 8 Eier
- 8 Tomaten
- Mayonnaise aus der Tube

So wird's gemacht

Koche die acht Eier etwa acht Minuten, bis sie hart sind. Halte sie anschließend unter kaltes Wasser – danach lässt sich die Schale besser abmachen. Pell die Schale ab. Nun schneidest du am breiten Ende eine Kuppe von den Eiern ab, damit sie besser stehen.

Wasche die Tomaten und schneide jeweils einen Deckel ab. Den Deckel höhlst du mit einem Messer aus. Nun legst du jeweils einen Tomatendeckel auf ein Ei. Die Tomatendeckel dekorierst du zum Schluss mit kleinen Mayonnaisetupfern – fertig!

Kartoffel-Schinken-Tortilla

Bei diesem knackig-herzhaften Omelette läuft dir garantiert
das Wasser im Mund zusammen.

Du brauchst

- 1 Kilogramm Kartoffeln
- 200 Gramm gekochten Schinken
- 200 Gramm mageren, rohen Schinken
- 8 Eier
- 1 Knoblauchzehe
- etwas Butter, Speiseöl, Salz und Pfeffer

So wird's gemacht

Die Kartoffeln musst du zunächst etwa 20 Minuten kochen.
Danach gießt du das Wasser ab, lässt die Kartoffeln etwas
abkühlen, pellst sie und schneidest sie in Scheiben. Schneide
den gekochten und rohen Schinken in Würfel. Schneide den
geschälten Knoblauch in feine Stücke (du kannst auch eine
Knoblauchpresse benutzen). Nun schlägst du die Eier in eine
Schüssel, verquirlst sie mit einer Gabel oder einem Mixer und
würzt sie mit etwas Salz und Pfeffer. Die Kartoffelscheiben
brätst du in etwas Öl zusammen mit den Schinkenwürfeln in
einer Pfanne leicht an. Danach füllst du den Inhalt aus der
Pfanne in eine große gefettete Auflaufform um und füllst
die Eiermasse mitsamt dem Knoblauch dazu. Die Auflaufform
schiebst du bei etwa 180 Grad in den Ofen.

Nach etwa 25 Minuten ist die Tortilla fertig!

Schoko-Frucht-Stangen

Schoko-Frucht-Stangen

Süßes und Gesundes verbinden die Schoko-Frucht-Stangen.

Du brauchst

- 5 Schaschlikspieße
- 2 Mandarinen
- 1 Apfelsine
- 2 Kiwis
- 1 Apfel
- 1 Banane
- etwas Zitronensaft
- 100 Gramm Vollmilchschokolade
- 100 Gramm weiße Schokolade

So wird's gemacht

Schäle zunächst das Obst. Bei den Kiwis und bei der Banane solltest du die Enden abschneiden. Den Apfel musst du in vier Stücke schneiden und das Kerngehäuse entfernen. Schneide das Obst nun in Scheiben. Die Bananenstücke kannst du mit ein bisschen Zitronensaft beträufeln, damit sie nicht braun werden.

Zerkleinere die braune und weiße Schokolade in grobe Stücke und gib sie in zwei unterschiedliche Schüsseln. Die Schüsseln stellst du in je einen halb mit Wasser gefüllten Topf. Erwärme das auf dem Herd. Rühr dabei am besten die Schokolade mit einem Gummischaber um, damit sie sich gut auflöst.

Nun kannst du die Obststücke abwechselnd auf die Spieße stecken. Anschließend verteilst du die braune und weiße Schokolade gleichmäßig über die Spieße. Wenn die Schokolade hart geworden ist, kannst du die Spieße vernaschen.

Vitamin-Shake

Vitamin-Shake

Du brauchst

- 4 Bananen
- 4 Apfelsinen
- 2 Liter Buttermilch
- etwas Zucker

So wird's gemacht

Zieh die Schale von den Bananen ab und schneide die Enden ab. Halbiere die Apfelsinen und presse den Saft aus. Die Bananen pürierst du mit der Küchenmaschine oder mit einem Mixstab in einer großen Rührschüssel. Nun fügst du den Apfelsinensaft und die Buttermilch sowie etwas Zucker hinzu. Noch einmal kräftig durchmixen – schon ist die fruchtige Erfrischung fertig.

Vampirtrunk

Vampirtrunk

Du brauchst

- 3 Liter Wasser
- 10 Beutel Hagebuttentee
- 8 Blutorangen
- 8 Esslöffel Honig
- 4 Esslöffel Zitronensaft
- 10 Esslöffel Rote-Bete-Saft oder Kirschsaft

So wird's gemacht

Bringe in einem großen Topf drei Liter Wasser zum Kochen. Gib die Beutel mit dem Hagebuttentee in das Wasser, schalte die Herdplatte aus und lass den Tee etwa 20 Minuten lang ziehen. Danach rührst du den Honig in den Tee und gießt den Zitronen- und Rote-Bete-Saft hinzu. Schneide die Blutorangen jeweils in zwei Hälften, presse den Saft aus und gieße ihn zu der Tee-Saft-Mischung. Nun stellst du den Vampirtrunk in den Kühlschrank und wartest, bis er schön kalt ist. Und? Sieht das Ergebnis nicht aus wie Blut? Es schmeckt jedenfalls vampirmäßig gut.

Register

A

B

C

D

E

F

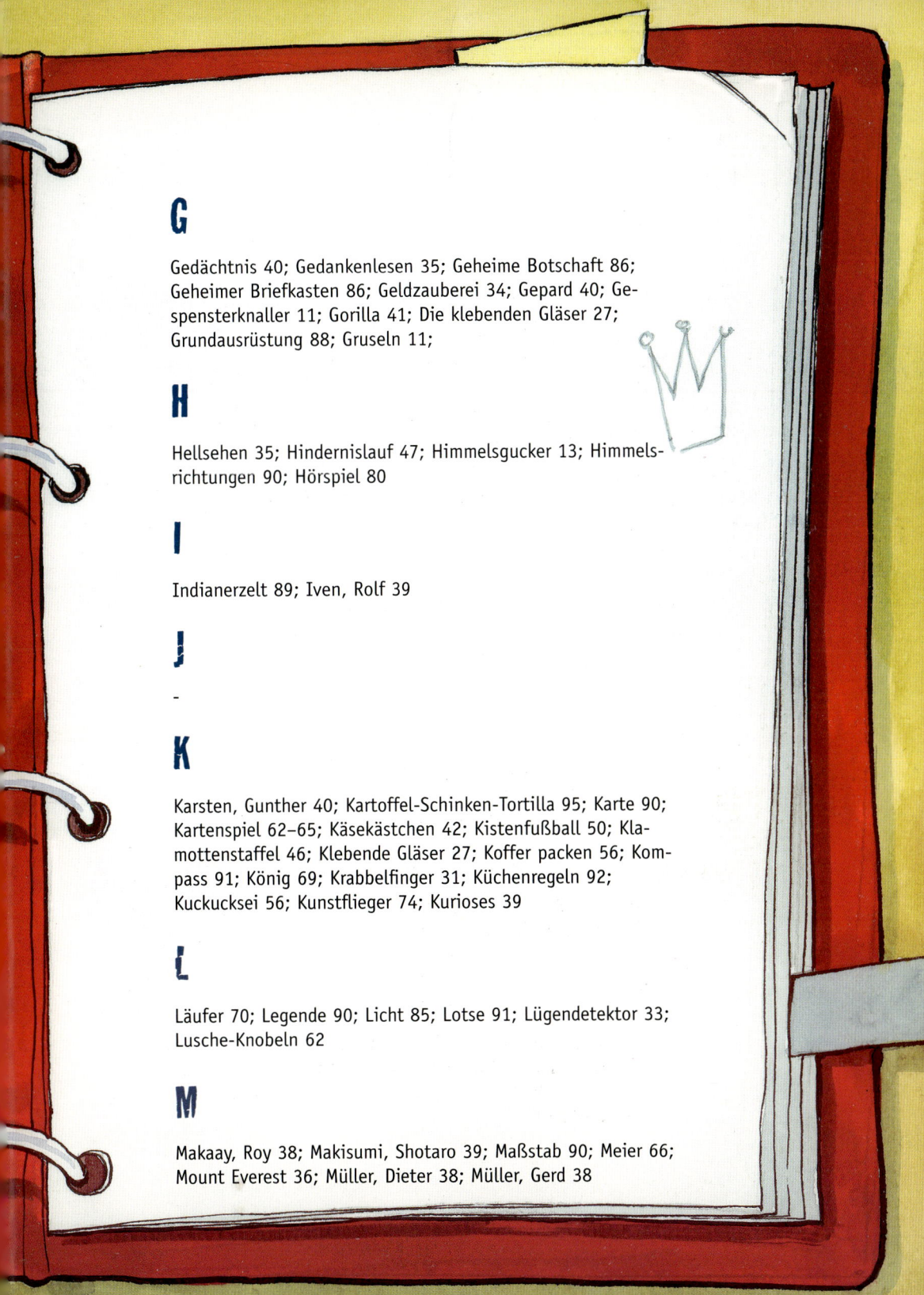

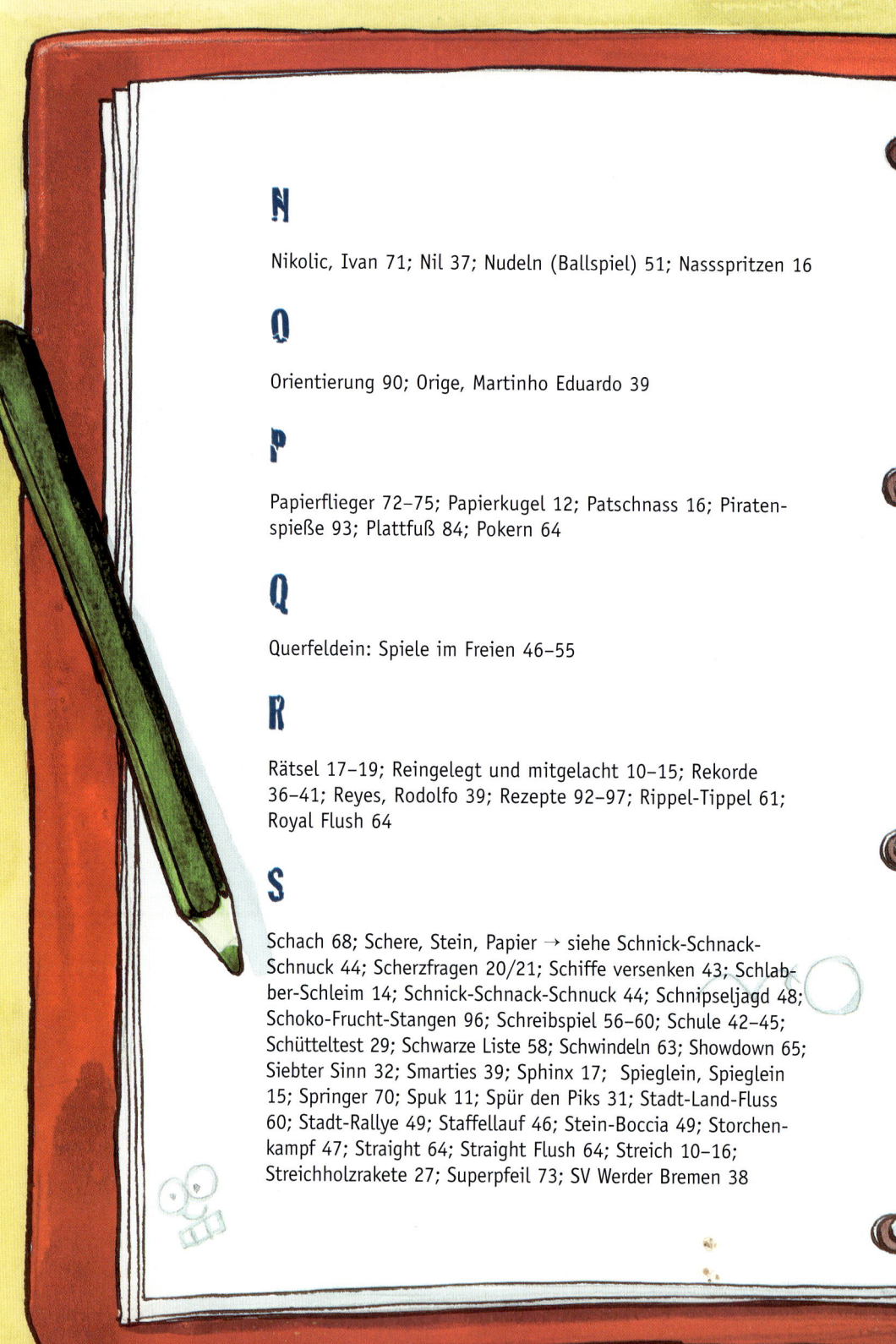